아내는

서바이버

나가타 도요타카 지음

서라미 옮김

아내는 ──── 서바이버

다다
서재

차례

1999년 3월	결혼. 나 30세, 아내 26세.
2002년	나 33세에 아사히신문사로 이직. 얼마 뒤 아내의 섭식장애가 드러남. 발열과 권태감이 계속되어 12월까지 종합병원에 총 4회 입·퇴원을 반복함.
2003년 2월	섭식장애로 인한 저칼륨혈증으로 다른 종합병원에 입원.
2005년 4월	나 36세, 아내 32세. 오사카 본사 생활문화부로 전근.
2007년 5월	아내 34세, 성 피해를 계기로 심료내과 진료. 얼마 뒤 정신과 병원에 의료보호입원. 이후 10여 년간 입·퇴원을 반복함.
2007년 8월	다량 복약으로 구급 이송.
2011년 8월	나 42세, 아내 38세. 알코올 의존증 악화. 급성 간염으로 입원.
2013년 7월	아내 40세, 임상심리사와 상담 시작.
2014년 8월	의존증 전문병원에 입원했지만, 하루만에 입원을 거부함.
2014년 9월	나 46세. 적응장애로 3개월간 휴직.
2015년 6월	아내 42세. 알코올 의존증 이탈 증상으로 구급 이송. 해리성장애가 악화되어 정신과 병원에 입원. 입원 중 다음증이 반복되어 입원 장기화.
2017년 4월	아내 44세. 약 1년 10개월 만에 정신과 병원에서 퇴원.
2018년 9월	아내, 의존증 전문 의료기관에 다니기 시작하지만, 술을 끊지 못함.
2019년 7월	아내 46세, 구급 이송. 얼마 뒤 알코올성 인지저하증 판명.

1장

섭식장애의 시작

먹고 토하는 나날

아내에게 일어난 일을 이해할 수 없었다.

아내는 엄청난 양의 음식을 위에 구겨 넣었다가 화장실에 전부 토했다. 이런 일이 밤낮없이 계속됐다. 아내의 심신에 변화가 생기기 시작한 것은 결혼 4년째였던 2002년 가을. 나는 34세, 아내는 29세였다.

휴일 아침, 내가 운전해 쇼핑몰로 외출했다. 식료품 판매대에 도착하니 아내는 눈빛이 달라졌다. 도시락과 회, 빵에 탄산음료까지 정신없이 카트에 담았다. 내가 말을 걸어도 반응이 없었다. 불룩해진 비닐봉지를 몇 개씩 안고 차에 올랐다.

집에 돌아오자 장 봐온 음식들을 테이블 위에 산처럼 쌓고는 말했다.

"소중한 시간이니까 방해하지 마."

아내는 묵묵히 음식을 먹기 시작했다. 한 손에 닭튀김을 든 채 다른 손으로 라면을 몇 개씩 끓였다. 메뉴들에는 맥락이 없었다.

평소 식사량의 세 배에 달하는 음식을 먹고는 한 손에 페트병을 들고 화장실로 갔다. 물로 목을 헹구며 오랫동안 구토를 했다. 구토 소리와 헹구는 소리가 교대로 들렸다.

화장실에서 나온 아내의 볼이 홀쭉하고 얼굴이 새파랬다. 손발은 냉장고에 있다 나온 사람처럼 차가웠다. 그 손으로 다시 먹기 시작했다.

거실과 화장실을 오가기를 수차례. 그러는 동안 날이 어두워졌다. 늦은 밤, 아내는 "이제야 위가 텅 비었어."라며 침대에 들었다.

먹고 싶다는 충동이 언제 들이닥칠지는 알 수 없었다. 옷가게에 있다가도 서점에 있다가도 아내의 표현에 따르면 "머릿속에 무언가가 들이닥쳤다". 근처 패스트푸드점으로 뛰어들어 엄청난 양의 햄버거를 먹고 있으면 주변 사람들이 이상하게 쳐다봤다. 점차 외출이 어려워졌다.

아내는 전업주부였고 나는 경력 10년 차 신문기자였다. 그전까지 평온했던 일상은 아내의 극단적인 식사와 구토로 180도 달라졌다.

아내의 이상 행동은 대체 무엇일까. 책과 인터넷을 찾아본 뒤에야 병명을 알았다. 섭식장애였다.

섭식장애란 1980년대부터 10~20대 여성을 중심으로 급격히 퍼진 질환으로, 음식물 섭취에 이상이 생기는 병이다.

체중을 극단적으로 감량하는 신경성 식욕부진증(거식증)과 무턱대고 먹는 신경성 폭식증이 대표적이다. 신경성 식욕부진증은 아예 먹지 않는 유형과 마구 먹은 뒤 토하는 유형으로 나뉜다. 당시 키 150센티미터에 체중이 30킬로그램 초반까지 떨어졌던 아내는 후자였다.

일본 후생노동성에 의하면, 2017년도에 섭식장애로 의료기관을 찾은 환자는 약 21만 명이다. 그러나 치료를 꺼리는 경우가 많아 실제 환자 수는 훨씬 많을 것이라고 한다. 일본 피겨스케이팅 국가대표였던 스즈키 아키코를 비롯해 몇몇 유명인이 섭식장애를 앓고 있다는 사실을 공개해 과거에 비해 병명이 꽤 알려졌다. 그럼에도 환자 수에 비해 의사가 적어 충분한 치료를 받지 못하는 사람이 많다고 한다.

섭식장애 환자의 특징으로는 '뚱뚱해지고 싶지 않다'라는 강렬한 강박관념과 체중에 대한 집착이 있다. 비쩍 마른 여성을 칭송하는 풍조도 영향을 미쳤다고 전해진다. 2012년에는 패션잡지 『보그』가 "깡마른 모델은 기용하지 않겠다"라고 선언해 주목받았다.

섭식장애가 신체에 미치는 영향은 심각하다. 구토로 몸이 점차 마르면 혈중 전해질 농도에 이상이 생기고 이것이 부정맥이나 간 기능 저하로 이어져 목숨을 잃는 경우도 있다.

섭식장애라는 병이 있다는 것은 알았지만 아내에게 찾아올 줄은 몰랐다. 섭식장애를 앓게 된 아내는 체중에 대한 집착, 신체 다른 부위에 나타나는 심각한 합병증을 서서히 경험하기 시작했다.

징조

우리는 1998년, 함께 아는 지인의 소개로 만났다. 1년 조금 안 되게 연애를 하고 1999년 봄에 결혼했다.

사회부 기자였던 나는 취재가 바빠 밤늦게 퇴근했는데, 아내는 늘 손수 만든 요리와 웃는 얼굴로 나를 맞았다. 주말에는 함께 불고기나 이탈리아 요리를 먹고, 긴 휴가 때는 해외여행을 즐겼다. 아내는 세탁이든 청소든 지나치다 싶을 만큼 완벽하게 했고, 몸도 마음도 건강해 보였다.

2002년 2월, 요미우리신문에서 아사히신문으로 이직했다. 집도 근무지인 오카야마로 이사했다.

이직하고 얼마 지나지 않았을 때, 오카야마에서 사건이 발생했다. 행방불명된 주부의 계좌에서 거액이 인출되는 사건이었다. 경찰 담당 최선임이었던 나는 취재 경쟁이 치열한 현장에 투입됐고, 밤낮없이 현장을 지키느라 집에 거의 들어가지 못했다.

남편의 불규칙한 근무에 익숙해졌다고는 해도 낯선 곳에

　　　　　　　　1장 섭식장애의 시작

서 집에 홀로 남겨진 아내는 꽤 불안했을 것이다.

그 후 사건에 관여한 것으로 의심받던 남녀 두 명이 자살하면서 취재 규모가 축소되어 철 지난 여름휴가를 쓸 수 있었다. 그제야 아내에게서 몇 가지 변화를 감지했다.

시작은 쓰레기였다. 출근하는 길에 내가 내다 버린 쓰레기의 양이 2인 가구치고는 너무 많았다. 도시락과 반찬 용기로 가득 찬 대형 쓰레기봉투가 여러 개였고, 탄산음료 페트병도 한가득이었다.

통장을 살펴보니 예금도 꽤 줄어 있었다. 나는 취재하느라 돈 쓸 시간이 없었는데.

무엇보다 함께 식사하고 나면 아내는 어김없이 화장실로 뛰어갔다. 나중에 화장실에 들어가 보면 희미하게 구토 냄새가 났다. 점차 아내 역시 구토했다는 사실을 숨기지 않게 되었고, 화장실에 다녀와서도 다시 밥을 먹기 시작했다.

"어디가 안 좋아?"라고 아내에게 물은 적이 있다. 아내는 시큰둥한 얼굴로 "아니."라고 대꾸할 뿐이었다. 구토에 대해서는 말하고 싶지 않은 것 같았고, 나 역시 일이 바쁘다는 핑계로 깊이 생각하지 않았다.

아내의 상태는 점점 나빠졌다.

두통, 복통, 권태감, 발열까지 거의 하루도 빠짐없이 어딘가 아팠다. 결혼할 때 40킬로그램이 조금 넘었던 아내의 체중은 어느새 10킬로그램 가까이 줄어 있었다. 볼이 홀쭉했고, 안색도 어두웠다. 나중에 알았는데, 내가 출근한 뒤 아내 혼자 병원에 가서 해열제와 진통제를 처방받았다고 한다.

아내에게서 변화를 감지하고 한 달쯤 지난 9월 하순, 오카야마현청에서 기자 모임에 참석하던 중 아내에게 전화를 받았다.

"나, 입원하게 됐어."

아내가 입원한 종합병원으로 급히 달려가니 내과 주치의가 이렇게 말했다.

"쇠약증이 진행되고 있습니다. 영양을 보충하면서 피로감과 발열의 원인을 찾아야 합니다."

입원 기간이 몇 주는 될 것이라는 말에 총국 데스크에 상황을 설명한 뒤, 저녁에 원고를 송고하고서 매일 아내를 면회하러 갔다. 병실에서 기사를 쓸 때도 있었고, 밤에 총국으로 돌아가 지방판 신문을 점검하거나 숙직을 하기도 했다.

그러나 입원 생활은 예상치 못한 방식으로 좌절됐다.

입원하고 닷새가 지났을 때, 주치의가 전화를 걸어왔다.

"아내분께서 퇴원하겠다고 하시는데요…."

급히 병원으로 가니 아내는 침대 위에 누운 채 "이제 다 나았으니까 퇴원할게요."라며 고집을 부렸다. 주치의와 내가 아무리 설득해도 아내는 "퇴원할 거야!"라며 말을 듣지 않았다. 하는 수 없이 퇴원 수속을 마치고 집에 돌아오니, 아내는 기다렸다는 듯 과식을 했다.

그러고는 다음 날, 아내 혼자 같은 병원을 방문해 진료받았고 즉시 재입원이 결정됐다. 그렇게 약 3주 후, 아내는 지난번처럼 퇴원하고 싶다고 고집을 부리더니 주치의의 설득을 뿌리치고 느닷없이 퇴원했다. 그 해에만 총 네 번, 두서없이 입·퇴원을 반복했다.

섭식장애는 여러 합병증을 일으킨다. 아내의 쇠약증, 피로감, 복통 역시 그 일부였고, 과식과 구토가 원인일 가능성이 높았다.

그러나 섭식장애를 앓고 있다는 사실이 알려지는 것을 꺼렸던 아내는 주치의에게마저 그 사실을 숨겼다. 고집을 부리며 퇴원을 강행한 이유 역시 토하고 싶어 참을 수 없었기 때문이라고 했다.

마지막 퇴원 직전, 혼자 주치의를 만나 아내가 섭식장애를 앓고 있다고 설명하니, 의사는 곤혹스러운 표정으로 말했다.

"정신적으로 이렇게 불안정한 환자를 진료하는 병원은 없습니다. 정신과로 가보시는 게 어떠세요?"

그러나 정신과 진료는 그렇게 간단한 일이 아니었다.

나만의 방

주치의가 말해주지 않아도 알 수 있었다. 되도록 빨리 전문적인 치료를 받지 않으면 아내의 상태는 더 심각해질 것이 분명했다. 섭식장애에 관해 조사할수록 그런 생각이 굳어졌다.

입원해 있을 때도 정신과에 가보자고 수차례 아내를 설득했다.

"이대로는 생명이 위험할 수도 있어. 같이 정신과에 가보자."

그러나 돌아온 것은 강렬한 거부 반응이었다.

"쇠창살 달린 병원에 나를 가두려고?"

"절대 안 가! 나한테 간섭하지 마."

"그냥 이혼해."

아내는 사나운 눈초리로 이런 말을 퍼부었다. 쇠창살이 주는 이미지 때문에 정신과 병원에 대해 오해하고 있는 듯했다. 냉정히 대화할 수 있는 상태가 아니었다.

아내가 자주 한 말이 있었다.

"먹고 토하는 일은, 세상에 하나밖에 없는 내 방이야."

괴로운 심정에서 헤어날 수 없을 것 같을 때 언제든 도망칠 수 있는 곳. 유일하게 안심할 수 있는 곳. 누구도 들어올 수 없는 비밀의 장소. 아내에게 섭식장애란 그런 '방' 같은 것이라고 했다.

그런 방이 필요해진 건 언제부터였을까. 나와 결혼하기 훨씬 전이었다는 사실을 아내는 차츰 털어놓았다.

아내는 서일본에 있는 작은 마을에서 태어났다. 형제자매는 없었다. 아내의 말에 따르면 아버지는 기분이 나쁘면 폭력을 쓰는 사람이었다. 철들 무렵부터 아내의 얼굴과 몸에는 상처가 아물 날이 없었다. 어머니는 딸의 상처를 못 본 척했고, "너만 없으면 이혼할 텐데."라며 딸을 장애물처럼 여겼다. 아동 학대가 사회문제가 되기 전의 일이었다.

고등학생 시절, 섭식장애가 발병하는 계기가 된 사건이 있었다. 하굣길에 "뚱뚱해."라고 말하는 어느 남학생의 목소리를 들었다. 순간 아내는 자기 다리를 보고 한 말이라고 생각했다. 살을 빼야겠다고 마음먹었다. 한동안 식사는 입에도 못 대는가 싶더니 얼마 뒤에는 먹고 싶다는 충동을 억누를 수 없었다.

늦은 밤, 부모님이 잠든 사이 과식과 구토를 반복했다. 다이어트 때문만은 아니었다. 위 속에 남은 음식을 한꺼번에 토해내는 순간, 폭력도 폭언도 잊을 수 있었다고 했다.

그렇게 과식과 구토는 아내에게 없어서는 안 될 방이 됐다.

그 후의 삶에서도 과식과 구토 덕분에 힘든 일을 이겨냈다.

나와 만나기 전, 아내는 한 번 결혼했었다. 상대는 지배욕이 강한 사람이었고 언짢은 일이 생기면 큰 소리로 울부짖었다. 아내는 먹고 토하는 일로 자신을 달래며 하루하루 버텼지만, 결혼 생활은 한 달 만에 파탄에 이르렀다.

2년 후, 아내는 나와 결혼했고 얼마 뒤 부모와 연을 끊었다. 그 뒤 어머니와 몇 번 만난 시기도 있었지만 결국 다시 연을 끊었다.

결혼하고 한동안은 내가 집에 없을 때만 먹고 토했다고 했다. 그 사실을 몰랐던 나는 아내의 변화에 당황했다. 그러나 증상을 숨겼다는 사실에 배신감이 들지는 않았다.

타인이 보기에는 분명 이상한 식습관이지만, 먹고 토하는 일이 아내를 버티게 해준 것이 아닐까. 곁에서 지켜보며 그 사실을 실감했다. 그만큼 소중한 일이었으므로 쉽게 밝힐 수 없었던 것이 아닐까.

문제는 과식과 구토만이 아니었다. 온화했던 아내가 언젠가부터 마치 다른 사람이 된 것처럼 격한 감정을 표출하기 시작했다.

"당신은 치료라고 말하면서 내 소중한 방을 빼앗았어. 당신 때문에 예전처럼 과식에 열중할 수 없게 됐다고."

"돌려놔! 내 방 돌려놔!"

2003년과 2004년에 일본에서는 굵직한 선거가 연달아 있었다. 통일지방선거(2003년 4월)에 이어 중의원 선거(2003년 11월)와 참의원 선거(2004년 7월)까지 주요 선거가 이어졌다. 기자에게 선거란 취재력 시험대와 같아서 긴장을 풀 수 없다. 당시 나는 오카야마현 선거 취재를 총괄하는 책임을 맡고 있던 터라 밤 10시가 넘어 귀가하는 날이 잦았다.

집에 들어가면 아내는 나를 몰아세우기 시작했다.

소리를 질렀고, 울었고, 비명을 질렀고, 내 목덜미를 움켜쥐었고, 집을 뛰쳐나갔다. 늦은 밤부터 시작해 해 뜰 때까지 화를 낸 적도 있었다.

태풍이 지나가기를 기다리는 수밖에 없었다. 지쳐서 반박할 힘도 없었고, 불에 기름을 붓는 격이 될까 두려웠다. 실종이나 자살 같은 방식으로 아내를 잃을까 봐 무서웠다.

1장 섭식장애의 시작

퇴근길이 우울했다. 집 앞에서 마음을 진정시키고, 취재와 기사로 가득 차 있던 머릿속을 비웠다. 집에 들어가면 아내가 언제 화를 낼지 몰라 벌벌 떨었다. 아내가 폭발한 다음 날은 수면 부족 상태로 출근했다.

돌려막기

2003년 8월 중순, 아내와 함께 은행을 방문했을 때의 일이다. ATM에서 현금을 찾으려는데 어찌 된 영문인지 찾을 수 없었다.

통장 거래 내역을 보고 숨이 턱 막혔다. 잔액이 0이었다.

입출금 내역을 살펴보니 며칠 전 신용카드 대금으로 몇십만 엔이 빠져나간 뒤로 잔액이 바닥난 상태였다.

"내가 있으면 당신이 불행해져."

아내는 울음을 터뜨렸다.

일주일쯤 남은 월급날까지 현금 없이 지내야 했다. 신용카드도 한도까지 사용한 터라 당분간은 무용지물이었다. 그렇다고 대부업체를 찾아갈 수는 없었다. 당시는 이른바 그레이존grey zone 금리*로 이자율이 천정부지로 치솟았던 시기다. 대부업체에 한번 손을 대면 빠져나오지 못할 게 뻔했다. 나와 아내는 의논 끝에, 아내가 장 보러 갈 때 쓰는 경차를 팔고, 금융기관에서 수십만 엔을 대출받아 급한 생활비를 확보하기로 했다.

섭식장애는 살림도 좀먹었다.

아내가 신용카드로 긁는 과식용 식비는 적게는 하루 5천 엔부터 많게는 1만 5천 엔까지도 나갔다. 내 월급과 보너스로는 부족해 결혼 전부터 부어오던 적금을 깨서 생활하고 있었다.

식비를 조금만 줄일 수 있을까? 아내와 상의도 해봤지만 역효과였다.

———— * 대부업체들이 금융 규제의 허점을 이용해 과도하게 높여 설정한 금리를 말한다. 일본에서는 이자제한법상 최고금리인 15~20퍼센트와 출자법상 최고금리인 29.2퍼센트 사이로 금리를 설정하면 둘 중 한 법을 위반해도 다른 법에는 저촉되지 않으므로 형사처벌을 받지 않는다는 점을 악용한 대부업체들이 늘면서 그레이존 금리라는 말이 널리 사용됐다. 이 때문에 채무자와 파산자가 급증해 심각한 사회문제가 되면서 2006년 대부업법이 개정되었고, 현재 그레이존 금리는 퇴출당했다.

"나 때문에 당신이 힘든 것 같아."

자책하게 된 아내는 과식에 한층 박차를 가했다.

가장 곤란한 것은 업무 관련 경비를 마련하는 일이었다. 교통비나 휴대전화 요금 같은 취재비는 보통 기자가 사비로 낸 뒤 나중에 영수증과 함께 회사에 청구한다. 그러나 취재원과 밥을 먹거나 술을 마시는 비용, 취재 주제와 관련한 책을 사는 비용 등은 자비로 충당해야 하는 경우가 허다하다. 결국 고민 끝에 취재원과의 식사비만큼은 무리를 해서라도 마련하기로 했다. 정보를 얻지 못하면 제대로 된 기자가 될 수 없기 때문이다.

기사를 쓰면서도 잔액과 카드 대금이 신경 쓰여 몇 번이나 인터넷으로 확인하곤 했다. 동료가 술을 마시자고 하면 적당히 둘러대며 거절했다. 아사히신문사 내에서 '빅 브라더'라 불리는 총국 관리직에 있으면서도 후배 기자에게 밥 먹자고 권하지 못하는 처지가 기막혔다.

나는 원래 돈에 관심이 없는 편이었다. 평범한 직장인 가정에서 자라 돈으로 고생한 경험이 없었다. 1993년 신문사에 입사한 뒤로는 내가 얼마를 저축하는지도 모르고 살았다.

아내와 결혼한 뒤 저축액이 줄고 있다는 것은 알았지만, 설마 잔액이 0이 되리라고는 생각도 못 했다. 생활비가 없어 절절매는 일은 난생처음이었다. 식비는 아내가 정신과 진료를 받기로 결심한 뒤에나 줄여볼 수 있을 테니, 당장 일상적인 지출부터 재점검할 수밖에 없었다.

안 쓰는 전기는 부지런히 끄고, 수도세와 난방비를 줄이고, 과식 외의 식재료는 할인 품목을 살펴 되도록 저렴한 것을 샀다. 이런 기초적인 절약도 처음에는 쉽지 않았다. 신혼 때 즐겼던 여행, 영화 감상, 콘서트, 주말 외식도 일체 중단했다. 다행이라고 해야 할지, 아내는 섭식장애 때문에 외출할 수 있는 상태가 아니었다.

출근한 날 점심은 되도록 저렴한 식당에서 해결했다. 여행 관련 지출은 싹을 잘랐고, 비교적 돈이 들지 않는 독서만 취미로 남겨두었다. 쉬는 날에는 집이나 패스트푸드점에 틀어박혀 소설이나 논픽션에 몰두하다가 마음이 헛헛해지면 거리를 어슬렁거렸다.

지푸라기라도 잡는 심정으로 그 무렵 유행하기 시작한 인터넷 경매에 도전했다. 과식에 지출한 덕분에 차곡차곡 쌓인 포인트와 사은품을 모아 인터넷 경매에 내놓았다. 인터넷 세계에는 그런 것도 사고 싶어 하는 사람이 꽤 있는 모양인지 나름 구매자가 있었다. 벌이라고 해 봤자 점심 몇 끼 사 먹는 정도였지만, 적게나마 부수입이 생겼다는 사실에 마음이 안정됐다.

외줄 타기 같은 일상을 보내면서 경제관념도 바뀌었다. 지갑 안에 굴러다니는 100엔이나 50엔짜리 동전이 귀했다. 신문을 펴면 당시 큰 사회문제였던 다중 채무 지옥과 불법 사채에 관한 기사에 가장 먼저 눈길이 갔다. 빚에 허덕이는 이들의 괴로움이 남 일 같지 않았다.

M 의사와 만나다

한밤까지 이어지는 과식과 구토, 무턱대고 폭발하는 감정, 파탄 직전의 살림.

개인적인 난제를 끌어안은 채 취재 활동을 이어가던 내가 상당히 지쳐 보였던 모양이다.

2002년 10월의 어느 날, 상사인 오카야마 지국장과 데스크(차장)가 말을 꺼냈다.

"앞으로의 근무에 관해 이야기 좀 하자."

아내가 입·퇴원할 때마다 대략적인 상황은 전달하고 있었다. 그들은 지국 근처 작은 식당에서 다시 한번 내 이야기를 들어주었다.

"네가 무너질까 봐 걱정이다."

두 사람은 입을 모아 이렇게 말했다.

대화 끝에 2주간 휴가를 받았다. 직장을 떠나려니 마음이 불편했지만, 아내를 돌보는 일과 불규칙한 업무 사이에 끼여 피로가 쌓일 대로 쌓여 있었다.

"지금은 아내를 최우선으로 생각해."라는 말이 귀에 들어왔다.

보건소와 공적 심리 상담 기관, 여성 지원 센터, 정신과 클리닉, 이쪽에 정통할 것 같은 지인까지. 모처럼 얻은 시간을 활용해 닥치는 대로 상담 기회를 찾았다. 물론 아내에게는 비밀이었다.

11월 초 결정적인 만남이 있었다. 한 공적 상담 기관의 정신과 의사인 M이었다.

진료실을 방문해 "제가 여기에 왔다는 사실은 아내에게 비밀입니다."라고 운을 뗐다. 아내의 몸과 마음에 생긴 병, 일과 간호를 병행하는 고충까지 속마음을 전부 털어놓았다.

"많이 힘드시겠습니다."

M 의사가 건넨 위로의 말에 긴장이 풀렸다.

그의 조언은 구체적이었다. 진료를 거부하는 환자 때문에 힘들어하는 가족은 나만이 아니었다. 치료에 적어도 몇 년은 걸리겠지만 회복은 가능하다는 말, 그리고 당분간은 환자에게 치료를 강요하지 말고 시기를 봐서 권하는 편이 좋다는 말도 했다. 장기전을 앞두고 굳은 각오를 해야 했지만, 그래도 컴컴한 터널 안쪽에 한 줄기 빛이 비친 것 같았다.

한 달에 두 번, 일하는 틈틈이 M 의사에게 진료받았다. 진료라고는 해도 환자는 내원하지 않았다. 환자를 대신해 내가 상태를 보고하고 조언을 받는 형식이었다. 물론 진료비도 냈다.

정신질환의 경우, 당사자가 치료를 거부하는 일이 드물지 않다. 그럴 때 우선 가족이 대리 진료부터 시작하는 것도 효과적이다. 가족이 조금이라도 편안해지면 환자를 여유롭게 대할 수 있게 된다.

2003년 2월, 아내는 전해와 다른 종합병원에 응급입원했다. 병명은 저칼륨혈증. 혈액 속 칼륨의 양이 비정상적으로 감소하는 증상이었다. 심한 구토가 원인이며, 섭식장애의 대표적인 신체 합병증이었다. 심각해지면 호흡기나 심장에 장애를 일으켜 생명이 위험할 수도 있다고 했다. 작년부터 이어지던 나른함과 어지러움도 저칼륨혈증 때문인 모양이었다.

병원 치료에 거부감이 있는 아내가 입원 생활을 견딜 수 있을지 불안했다. M 의사와 상담하니 "당신만이라도 주치의를 만나보라."라고 했다.

조언을 따라 아내 몰래 혈액내과 주치의와 상담했다. 아내가 앓고 있는 섭식장애에 관해 설명하니 젊은 주치의는 상황을 즉시 이해했다. 비밀을 발설하지 않은 채로 조속히 아내를 퇴원시켰고, 비교적 거부감이 적은 외래로 치료 방침을 바꿔 칼륨이 포함된 약을 처방했다.

처방받은 약을 먹은 아내는 "거짓말처럼 몸이 편안해졌어."라며 기뻐했다. 그러나 감정이 격해지면 "이제 병원에 안가!"라고 쏘아붙였고, 약에 세제를 묻혀 휴지통에 버렸다.

그럴 때면 나는 휴대전화를 들고 밖으로 나가 M 의사에게 전화를 걸었다. 평정심을 잃은 채 전화에 대고 마구 떠들었던 것 같다. 그러나 그는 매번 온화한 태도를 잃지 않고 내 말에 귀를 기울였다. 나는 자연스럽게 차분함을 되찾을 수 있었다.

신혼 때는 그렇게 온화했던 아내가 왜 이렇게 난폭해졌을까요? M 의사에게 물었다.

"어린 시절부터 폭력에 시달려온 아내분은 항상 긴장과 공포 속에서 살아왔잖아요. 그러다 남편분과 함께 살면서 난생처음 안심할 수 있는 환경에 놓인 겁니다. 말하자면 안심하고 증상을 드러낼 수 있게 된 것이지요." "아내분은 자신이 버림받지 않을까 하는 불안감을 늘 느끼고 있어요. 당사자는 의식하지 못할 수도 있지만, 감정이 폭발하는 배경에는 남편이 자신을 버리지 않고 계속 곁에 있어줄까 시험

하는 의미가 있을 겁니다. 하지만 이러한 시험 행위로 안정감이 높아지는 것은 일시적입니다. 밑 빠진 독에 물 붓듯, 아내분의 안정감은 아무리 쌓아도 금방 사라지고 맙니다."

도무지 영문을 알 수 없었던 행동에도 나름의 메시지가 담겨 있었다. M 의사의 말은 늘 귀에 쏙쏙 들어왔다.

정신과 치료를 막는 벽

오카야마에 온 지 3년째 되던 2004년, 아내의 증상이 더욱 심해졌다.

내게 폭력을 쓰기 시작했다. "당신이 내 방을 빼앗았어." 라고 몰아세우며 주먹을 휘둘렀다. 나는 중학교 때까지 가라테를 했던 경험을 살려 주먹을 피하기도 했고, 손바닥으로 주먹을 받기도 했다. 계속되는 과식과 구토로 체력이 약해진 아내를 다치게 하지는 않았다.

아내는 폭력의 화살을 자신에게도 돌렸다. TV 리모컨이나 자로 자기 머리를 때리는가 하면 벽에 머리를 박기도 했다. 그럴 때마다 필사적으로 아내를 말렸다. 내게 휘두르는 폭력보다 골치 아팠고 보기 괴로웠다.

정신과 진료도 여전히 거부했다. M 의사 외에 상담할 사람이 없었던 나는 혼자 문제를 떠안을 수밖에 없었다.

정신장애 치료가 어려운 이유 중 하나는 당사자 대부분이 치료를 원하지 않기 때문이다. 일단 치료를 시작하더라도 중단되기 쉽다. 가족들은 고독한 투쟁에 강제로 내몰린다.

그 결과 비극으로 이어지기도 한다.

2014년 6월, 도쿄도 하치오지시에서 60대 아버지가 잠자던 20대 아들을 찔러 숨지게 하는 사건이 있었다. 아버지는 유죄에 집행유예 판결을 받았다. 아들의 폭력을 견디다 못해 저지른 범행이었다. 『아사히신문』의 보도에 따르면 아들은 정신과에서 통원 치료를 받고 있었다. 아버지는 주치의와 경찰, 보건소에서 자주 상담을 받았지만, 해결의 실마리를 찾지 못해 '지금과 같은 정신 의료 시스템으로는 우리 가족을 구할 수 없는 것이 아닌가'라는 깊은 절망감을 느꼈다고 했다.

2017년과 2018년에는 오사카부 네야가와시와 효고현 미타시에서 각각 정신장애와 지적장애가 있는 아이를 부모가 조립식 주택에 장기간 감금한 사건이 잇달아 세상에 드러났다. 두 사건이 보여주는 것은 지역사회에서 고립된 가족의 모습이다. 네야가와시 사건으로 체포된 부모는 "아이가 정신질환 때문에 난동을 부린 적이 있어서 주변에 알리고 싶지 않았다."라는 취지의 진술을 했다고 한다.

이런 사건이 일어날 때마다 남 일 같지 않다. 정신장애인과 함께 사는 가족이 빠졌을 절망의 깊이를 절실히 느낀다. 형사 사건으로 번지는 경우는 빙산의 일각일 뿐, 남몰래 고뇌하는 가족의 수가 상당히 많을 것이다.

관건은, 당사자가 진료에 적극적이지 않을 때 가족만이라도 상담해줄 수 있는 전문가가 있느냐는 것이다. 나는 M 의사와 연결된 덕분에 견딜 수 있었다.

현실에서는 의사가 가족을 대리 진료하지 않는 경우도 있다고 한다. 지방자치단체나 정부가 지정한 지역 정신보건복지센터나 보건소 같은 공적 기관의 역할이 중요한 것은 이 때문이다.

모든 공적 기관이 충분한 역할을 하는 것은 아니라는 목소리도 들린다. 예전에 내가 취재했던, 수도권에 거주하던 한 남성은 큰딸의 섭식장애를 상담하기 위해 방문한 공적 기관에서 "가족이 떠안는 수밖에 없다"라는 말을 듣고 내쫓겼다고 했다. 이후 부녀는 괴로워하다 영양실조로 구급 이송된 병원에서 의사를 소개받고서야 회복의 길을 걸을 수 있었다. 그에 비하면 공공기관에서 M 의사를 만난 나는 운이 좋았는지도 모르겠다.

정신장애인의 가족이 느끼는 고독을 여실히 보여주는 사업도 있다. 이른바 '인출업자'라 불리는 업체다.

이들은 정신장애인이나 은둔형 외톨이를 가족으로 둔 사람에게 의뢰를 받아 환자를 자신들이 운영하는 시설에 입소시키기도 하고 연계된 정신과 병원에 입원시키기도 하는데 그 방식이 폭력적이라 문제가 되고 있다.

2016년 3월, 이러한 업체 중 한 곳이 은둔형 외톨이 남성을 집에서 데리고 나가는 장면이 촬영되어 전국에 방영되었다. 업체 소속 직원들이 방문을 부수거나 고함을 치며 남성을 방에서 끌어내는 장면도 있었다고 한다. 이에 정신과 의사들이 기자회견을 열어 인권의 관점에서 비판했다.

당사자의 동의 없이 신체를 끌어내는 행위는 범죄의 여지가 있지 않은가. 그중에는 환자가 사망해 유죄 선고를 받거나 손해배상 판결을 받은 업체도 있다.

이런 곳에 의뢰했을 가족의 심정을 생각하면 가슴이 무너진다. 여기저기 알아본 끝에 맡길 곳이 그곳뿐이라고 생각했을 것이다. 가족에 대한 지원책이 충분히 마련되지 않는다면 인출업자는 사라지지 않을 것이다.

이상 행동 그리고 이사

과식, 구토, 감정 부침이 심해지는 가운데 아내에게 또 다른 변화가 생겼다. 갑자기 독일어를 공부하기 시작한 것이다. 원래 클래식 음악을 좋아했던 아내는 "바흐와 베토벤이 탄생한 나라의 말을 알고 싶어졌어."라며 공부를 시작했는데 그 기세가 범상치 않았다. 늦은 밤 화장실에서 토한 뒤에도 문법과 단어 참고서를 펼치더니 그대로 새벽까지 책상 앞에 앉아 있었다. 구토와 수면 부족으로 얼굴에서 생기가 사라졌지만 공부할 때만큼은 눈이 반짝였다.

몸이 약해졌는데 괜찮을까? 조마조마한 심정으로 지켜보았다. 그러나 약 5년 후, 오사카에 있는 독일어 학원에서 테스트를 받았을 때 "정말 독학으로 공부하신 것 맞나요?"라고 놀랄 정도로 아내의 독일어 실력은 늘어 있었다.

이 무렵 신경 쓰인 것은 곧 다가올 전근이었다. 오카야마 총국(2004년 1월에 '지국'에서 개칭)에서 근무한 지 3년째, 슬슬 이동할 때가 가까워졌다.

나는 오사카 본사나 도쿄 본사의 사회부로 가고 싶었다. 요미우리신문에 있을 때도 사회부(서부 본사) 소속이었다. 정치나 경제 등 분야에 얽매이지 않고 다양한 현장을 누비는 취재가 성격에 맞았다. 아사히신문으로 이직할 때 치른 입사 시험에서는 아사히신문 소속 젊은 기자들이 파헤친 리크루트 사건*을 언급하며, 사회부 기자로서 비리를 파헤치는 탐사 보도에 뛰어들고 싶다는 포부를 밝히기도 했다.

그러나 살인 사건부터 대규모 기획 연재까지 폭넓게 다루는 사회부는 밤샘 야근에 출장, 긴급호출이 잦아 고된 부서이기도 하다. 아무리 생각해도 아내를 돌보면서 병행하기는 어려울 것 같았다.

고민 끝에 오사카 본사 생활문화부로 희망 부서를 바꿔 신청했다. 생활문화부는 생활면이나 문화면을 중심으로 사회보장, 의식주, 문화를 다루는 부서다. 갑작스레 터지는 사건에 대응하는 일이 적다 보니 사회부와 비교하면 불규칙한 근무를 하지 않아도 됐다.

나중에 알고 보니 당시 나의 오사카 사회부 전근은 거의 기정사실이었다. 그러나 회사는 전근을 백지화하고, 내가 이듬해에 희망 부서로 갈 수 있도록 조정해주었다.

2005년 초, 내 바람대로 오사카 본사 생활문화부로 발령받았다. 발령 일자는 4월 1일. 아내는 "당신이 하고 싶은 취재를 할 수 있겠네."라며 반가워했다.

---

* 일본 정보산업회사인 리쿠르트 홀딩스가 계열회사인 리쿠르트 코스모스의 미공개 주식을 정·관·경제계의 유력 인사들에게 저렴하게 양도하여 거액의 부당 이익을 챙기게 한 사건으로, 아사히신문 가나가와 지국에서 가나가와시장의 부패 사건을 파헤치다 덜미를 잡아 세상에 알렸다.

1장 섭식장애의 시작

그러나 새로운 문제가 생겼다. 아내가 이사를 견딜 수 있을까 하는 문제였다.

그 무렵 아내는 하루 6~10시간을 과식과 구토에 썼다. 외출해서도 금세 과식 충동이 몰려와 발길을 돌리게 되면서 장시간 외출이 어려워지고 있었다. 거리에서도 공황 상태에 빠졌고, 자동차 조수석에 앉아 과식을 하기도 했다.

이삿짐센터에서 제시한 계획은 이틀에 걸쳐 짐을 싸고 푸는 것이었다. 첫째 날 이삿짐센터 직원들이 집에서 짐을 옮기면 우리는 신칸센을 타고 오사카로 가 호텔에서 묵은 뒤, 둘째 날 아침에 간사이의 새 보금자리에서 짐 푸는 상황을 지켜본다는 수순이었다.

특히 우려되는 것은 첫째 날이었다. 이른 아침부터 짐을 실어 나르기 시작하므로 아내는 오후에 호텔에 도착할 때까지 과식과 구토를 할 수 없었다. 이삿짐센터에서 나온 남성 직원들에게 둘러싸이는 스트레스도 있을 테니 평소보다 과식 욕구가 높아질 수도 있었다.

그래서 꾀를 냈다. 예정대로 하면 우리가 짐을 다 옮기고 나서 부동산에서 나와 집 상태를 둘러볼 것이었다. 나는 부동산 회사에 이야기해, 짐을 뺀 직후부터 집을 둘러볼 때까지 한두 시간 정도 시간을 달라고 부탁했다.

"아내가 몸이 약하니 짐을 빼낸 뒤 빈방에서 쉴 수 있게 해주세요."

그렇게 둘러댔지만, 사실은 먹고 토할 시간을 마련할 심산이었다.

오카야마 총국장에게 상황을 설명하고, 평소보다 긴 열흘간의 전근 휴가를 받아 이사를 준비했다. 아내는 이사를 준비할 수 있는 상태가 아니었기 때문이다.

2005년 3월 25일. 짐을 다 빼낼 때까지만 과식을 참아줬으면 하는 마음으로 이사 당일을 맞이했다.

이삿짐센터 직원들이 집에 도착해 가구와 상자들을 차례로 운반했다. 아내는 의외로 차분한 표정으로 작업을 지켜보았다.

짐 옮기는 일은 허무할 만큼 순조롭게 끝났다. 결국 미리 말해두었던 휴식 시간은 쓰지 않았다. 부동산 회사가 짐을 뺀 집을 점검했다.

빈집을 나서려는데 아내가 "잠깐만." 하고 불렀다. 아내의 손에는 지인이 그날 아침에 작별 선물이라며 준 꽃바구니가 들려 있었다.

아내는 같은 층에 살던 아시아계 외국인 여성의 집을 찾아갔다. 평소 쓸쓸한 표정이었던 그 여성을 보며 아내는 "이국땅에서 홀로 지내느라 힘든 게 아닐까." 하고 걱정했었다. 조금 떨어진 곳에서 지켜보니, 아내가 여성에게 뭐라고 말을 걸었고 여성은 미소를 지으며 꽃을 건네받았다.

"인도인이래. 괜찮으면 방에 장식할래요? 했더니 고맙다고."

가끔 괴물처럼 보일 때도 있지만, 이것이 아내의 진짜 모습이라고 생각했다.

오후에는 JR 오카야마역에서 신칸센을 탔다. 아내는 말없이 차창 밖을 내다보았다. 이렇게 오랫동안 토하지 않은 것이 얼마 만이던가. 멍하니 생각에 잠긴 사이 신오사카역에 도착했다.

플랫폼에 내리니 아내의 얼굴이 굳어졌다. 개찰구를 나오자 매점으로 뛰어들어 과자와 빵을 잔뜩 샀다. 택시를 타고 호텔에 도착하자마자 곧바로 입 안 가득 음식을 넣었다.

다음 날도 이삿짐이 들어오는 것을 지켜본 뒤, 아내는 짐도 풀지 않은 새집에서 첫 과식을 했다.

아내의 상태에 따라 이사를 연기해야 할지도 모른다고 각오하고 있었는데, 다행히 새집에 무사히 도착했다. 아내의 노력에 감사하며 간사이 생활을 시작했다.

2장

정신병원으로

사채냐, 이혼이냐

2005년 4월 25일 아침, 출근길에 휴대전화가 울렸다.

"아마(효고현 아마가사키시)에서 열차 사고가 크게 났어. 빨리 들어와."

데스크의 목소리가 높았다. 승객을 비롯해 107명의 희생자가 나온 JR 후쿠치야마선 탈선 사고의 1보였다.

오사카 본사 생활문화부에 부임한 지 3주 만이었다. 아내를 돌보기 위해 돌발적인 사건·사고에 대응하지 않아도 되는 분야를 희망한 끝에 부임한 부서였지만, 이 정도 대형 사고라면 이야기가 달랐다. 부서를 가리지 않고 기사 작성을 위한 총력전에 뛰어들었다. 나는 본사에서 전화로 취재하거나 관련 정보를 수집한 뒤, 27일부터 효고현 다카라즈카시에서 유족과 관계자의 집을 방문해 취재하고 희생자의 얼굴 사진 복사본을 입수했다.

밤늦게 퇴근해 선잠을 자고 새벽에 다시 출근했다. 긴장감이 머릿속에 잔향처럼 남아 집에 와도 아내를 돌볼 여유가 없었다.

28일 밤, 아내에게 이상한 일이 일어났다.

그날도 나는 자정이 다 되어 퇴근했다. "다녀왔어." 하고 인사했지만 대답이 없었다. 서늘함을 느끼며 거실에 들어서니 아내가 바닥에 쭈그리고 앉아 있었다. 나와 시선을 맞추지 않은 채 엉뚱한 쪽을 바라보고 있었다.

난데없이 "혼날 거야."라고 중얼거렸다. 네발로 부엌을 기어 다녔다. 일어나 냉장고를 열려다가 넘어졌다.

"못 걷겠어. 근데 먹고 싶어."

다리에 힘이 들어가지 않는 모양이었다. 일어서려다 넘어졌다. 그러기를 수차례. 그 바람에 식탁 위에 있던 음료수가 바닥에 쏟아졌다.

"혼날 거야. 혼날 거야."

아내는 같은 말을 반복하며 수건으로 바닥을 닦았다.

"괜찮아?"

말을 걸자, 순간 "아, 어서 와." 하며 나와 눈을 맞췄다.

그러나 이내 멍한 눈으로 돌아가 "혼날 거야."라는 말을 반복했다.

어찌 된 일인지 알 수 없었다. 당장 내일 아침부터 아내를 두고 출근해도 될지 감이 오지 않았다. 망설이다 회사에 전화했다. 데스크에 상황을 설명한 뒤 다음 날은 쉬기로 했다. 다행히 그날 밤 당번은 오카야마 근무 시절부터 내 사정을 잘 아는 사람이어서 길게 설명하지 않아도 이해해주었다.

아내는 금세 바닥에서 잠이 들었다.

다음 날 아침, 아내는 눈을 뜨자마자 평소처럼 과식을 시작했다. 전날 밤의 일을 물으니 신기하다는 얼굴로 기억이 나지 않는다고 했다.

10여 년 뒤, 한 정신과 의사에게 당시의 체험을 말하자 해리 증상 가능성을 언급했다. 나중에 자세히 설명하겠지만, 해리란 기억상실이나 다중인격 등으로 대표되는 현상이다. 트라우마가 원인인 경우가 많다고 한다.

간사이 지역으로 이사한 후에도 아내의 과식과 구토는 계속됐다. 장시간에 걸친 과식과 구토로 모자라, 다 먹지 못한 음식에 세제를 묻혀서 버리기까지 했다. 오카야마 시절과 비교하면 생활비도 50퍼센트 가량이 더 들었다.

감정 기복도 심해졌다. 새벽 3시에 느닷없이 "먹고 싶어! 도와줘!"라며 나를 흔들어 깨워 어쩔 수 없이 차를 몰고 마트까지 데리고 갔다. 머리가 아프다고 해 병원에 데려가니 "대기 시간이 왜 이렇게 길어!"라며 화를 내 그대로 돌아오기도 했다. "당장 이혼해!"라며 몇 시간에 걸쳐 행패를 부리더니 "미안해."라며 통곡했다. 그런 일이 계속됐다.

초봄에 전근하며 받은 준비금 덕분에 한숨 돌리고 있던 생활비도 식비를 대느라 6월 무렵부터 다시 바닥을 보이기 시작했다. 여름 보너스는 빚을 갚느라 다 썼고, 금융기관에서 틈틈이 받던 대출도 어느새 한도에 다다랐다.

"사채 쓰자."

8월 초의 어느 밤, 아내가 그렇게 말했다.

"과식을 그만두고 싶지만 그럴 수 없으니 남은 방법은 그것밖에 없잖아."

사채라는 말에 등골이 오싹했다.

사채라 불리는 당시 대부업체들은 앞서 말한 그레이존 금리 덕분에 최고 29.2퍼센트의 고금리로 이익을 올리고 있었다. 그 때문에 빚을 갚지 못한 사람들의 자살과 야반도주가 당시 큰 사회문제였다.

"이제 이혼하자. 당신을 사랑하지만 이대로 가다가는 둘다 죽을 거야."

몇 년째 떠오르면 지워버리곤 했던 이혼이라는 말이 나도 모르게 입 밖으로 나왔다.

동이 틀 때까지 이야기했다. 아내는 버리지 말라며 울었다. 나는 사채에 손을 대면 더 이상 생활할 수 없다는 말을 반복했다. 결국 사채까지는 가지 않았고 이혼도 하지 않았다.

그날 밤을 기점으로 아내에게 희미한 변화가 보이기 시작했다.

매도나 폭력의 형태로 감정을 폭발시키는 일이 줄었다. 과식과 구토는 여전했지만 라면처럼 비교적 저렴한 음식으로 때울 수 있게 됐다. 그 덕분에 근소하게나마 살림이 흑자로 돌아섰다. 결혼하고 처음 있는 일이었다.

완고히 치료를 거부하던 태도에도 변화가 보였다. "만약 이대로 낫지 않으면, 나중에 최후의 수단으로 의료의 힘에 의지해봐도 좋지 않을까."라고 말하기도 했다.

나는 안심하고 전국을 다니며 취재했다.

스크랩북에서 당시 내가 쓴 기사를 읽어보니 2006년부터 빈곤 문제를 중심으로 특종과 연재 기사가 늘고 있었다. 꾸준한 취재 덕분에 정보와 인맥도 쌓였다. 공사 모두 비교적 안정적인 시기였다.

그러나 2007년 봄, 평온한 시간은 끊겼다. 뜻밖의 사건으로 인해.

성 피해

그것은, 사람의 마음이 무너지는 과정을 보여주는 것 같았다.

퇴근하니, 아내가 책상 스탠드만 켜놓은 채 어두운 방에 앉아 있었다. 눈물을 글썽이며 말했다.

"충동적으로 자살할까 봐 무서워. 당신이 맡아줘."

그렇게 말하며 건넨 것은 커터 칼이었다.

아내의 이야기에서 "그 남자"라는 단어가 나오기 시작했다. 외출하면 스쳐 지나가는 사람들의 얼굴이 그 남자로 보인다며 겁을 먹었다. 혼자 집에 있으면 남자가 나타날 것 같아 베란다에서 뛰어내리고 싶어진다고 했다.

유일한 치유 수단이었던 과식과 구토로도 마음을 가라앉히지 못했다.

"무서워, 무서워. 너무 무서워서 어떻게 해야 할지 모르겠어."라며 몸을 떨었다.

아내가 처음으로 말했다. "정신과나 심료내과*에 가볼게."

다만 조건이 두 가지 있었다. 하나는 아내 대신 내가 의사에게 경위를 설명할 것. 다른 하나는 유년기에 겪은 폭력 피

———— * '마음을 치료하는 내과'라는 뜻으로, 정신과와 내과를 결합한 진료 과목을 말한다. 심리 문제로 인해 생긴 모든 신체 질환을 치료하며 우리나라에는 아직 없다.

해와 섭식장애는 비밀로 할 것. "지금은 죽지 않는 것만으로도 진이 빠지니까."라고 했다.

아내는 왜 이렇게 됐을까.

2007년 4월 21일, 오사카시 우메다의 번화가. 빌딩가의 벤치에 앉은 아내가 갑자기 눈물을 흘리기 시작했다.

"당신에게 큰 죄를 지었어."라며 털어놓은 이야기에 귀를 의심했다.

반년쯤 전부터 아는 남자에게 수차례에 걸쳐 심각한 성희롱을 당해왔다고 했다. 거부하려 했지만 단둘이 있는 상황에 놓여 몸도 마음도 경직돼 소리를 지르지 못했다. 반항하면 무서운 일이 생길까 봐. 그런 마음에 남편인 내게도 털어놓을 수 없었다고 했다.

나는 그저 혼란스러워 "이야기해줘서 고마워."라고 대꾸할 수밖에 없었다.

남자를 불러내 따지니 "전부 제 책임입니다."라며 사실을 인정했다.

5월 1일, 인터넷에서 찾은 심료내과 클리닉을 방문했다. 아내에게 이변이 일어난 이래 약 5년간 손꼽아 기다려온 날인데도 별다른 감회가 없었다. 불안하기만 했다.

진료실에서 여성 원장과 마주 앉았다. 설명은 내가 하기로 되어 있었지만, 아내는 스스로 경위도 증상도 모두 설명했다.

이야기를 들은 원장은 "명백한 성희롱입니다. 당신은 전혀 잘못한 게 없어요."라고 잘라 말했다. 이런 경우 환자는 피해자임에도 죄책감에 시달리기 쉽다고 했다. 항불안제를 처방받고 계속 통원 치료를 하기로 했다.

치료를 그토록 싫어했던 아내인 만큼 순순히 치료를 받아들일 리 없었다. 처음에는 "평생 먹어야 할까 봐 두려워."라며 약 먹기를 거부했다. 두 번째 진료에서 원장이 "약은 무서운 게 아니에요."라고 타일러 겨우 먹기 시작했다. 진료를 그만둘까 봐 걱정했지만 아내는 원장을 신뢰하는 듯했다.

그러나 복용 효과는 나타나지 않았고 아내의 환각은 점차 윤곽을 갖추어갔다.

"그 남자가 흰옷을 입고 달려와."라며 얼굴이 굳어졌고,

밤이 깊어지면 집 근처를 쏘다니며 "죽을 자리 찾기"라는 걸 했다.

증세를 심각하게 본 원장이 정신과 입원을 권유했다.

"입원하실 분이 직접 보고 병원을 고르시는 게 좋아요."라며 세 통의 소개장을 써주어 세 군데 병원을 돌아보았다.

첫 번째 병원. 아내를 진찰한 젊은 여성 의사는 "환자분에게 가장 필요한 것은 휴식이에요. 이곳은 중증 환자 중심 시설이라 편히 지낼 수 없을 겁니다."라며 입원을 권하지 않아서 우리는 그대로 돌아왔다.

두 번째 병원의 분위기는 사뭇 달랐다. 흰옷을 입은 젊은 남성이 대기실에서 환자들에게 반말로 지시했다. 진찰실에서는 의사의 고함치는 목소리가 울렸다. 이곳에 환자의 사생활 따위는 없었다.

동석을 거부당해 어쩔 수 없이 아내 혼자 진료실로 들여보내고 얼마 뒤, 큰 소리가 들려왔다.

"뭘 당했다고? 그래서 어떻게 했어?"

굳은 표정으로 나온 아내에게 말했다.

"그만 가자."

세 번째는 대학병원이었다. 사라져버리고 싶다고 호소하는 아내에게 남성 의사가 말했다.

"힘드시겠어요. 하지만 자신에게 상처를 주는 행위만은 하지 않겠다고 약속해주세요."

이곳으로 정했다. 며칠 후 빈 병상이 나왔고 아내의 첫 정신과 입원 생활이 시작됐다.

환각

입원하자 아내는 한 가지 행위를 마치 의식처럼 반복했다.

폐쇄병동 입구에서 허리를 구부려 강화유리에 얼굴을 가까이 대고는 창밖을 가만히 내다봤다. 그러고는 가해자 남성의 이름을 외쳤다.

"저기 있다. 도망쳐!"

병실에 있을 때는 "(가해자가) 옆방에 있어요. 쫓아내주세요."라며 절박하게 애원했다. 가해자의 냄새가 몸에 밴 것 같다며 마치 얼룩을 없애려는 듯 자기 팔을 강하게 문질렀다. 과식과 구토를 할 수 없게 되면서 혈색은 좋아졌지만, 얼마 뒤 "집에 가서 먹고 토하고 싶어."라고 울며 호소했다.

당시 나는 연재 기사를 맡고 있었고 출장도 잦았다. 아내가 입원 중인 병원과 회사, 취재처를 왔다 갔다 해야 하는데다 당장 퇴원시켜달라는 아내의 전화도 자주 받아야 했다. 취재를 마치면 휴대전화에 메시지가 열 건 넘게 와 있기도 했다.

입원한 지 열흘 뒤, 아내의 강력한 의지와 더불어 조기 퇴원을 부추기는 병원 측의 사정으로 결국 퇴원했다. 그러나 귀가하자 아내는 계속 비명을 질렀고, 다음 날 구급차를 불러 오사카부 내에 있는 다른 정신과 병원에 입원했다. 이후 약 10년에 걸쳐 입원과 퇴원을 반복하게 될 병원이었다.

입원 중이던 6월 초, 아내가 다른 세계로 가버린 듯한 충격을 받았다.

최근의 성희롱이 문제가 되면서 가해자가 직장에서 해고됐다. 그 사실을 전하자 아내는 갑자기 면회실 테이블 주위를 빙빙 돌며 달리기 시작했다. "다들 도망가!", "이제 집에

갈래."라고 중얼거렸지만 시선은 허공에 머문 채였다. 10분쯤 돌았을까. 내가 멍하니 있으니 이변을 눈치챈 간호사가 아내를 병실로 데려갔다.

그 전까지 아내는 아무리 이상 행동을 해도 대화는 할 수 있었고, 한편으로 내 기분을 살피는 느낌도 있었다. 그러나 이 무렵의 아내를 보며 이대로 영영 마음이 통하지 않게 되는 것은 아닐까 하는 불안감이 커졌다.

피해를 털어놓은 그날부터 아내의 웃는 얼굴을 보지 못했다. 희로애락이 사라졌다. 있는 것은 공포와 불안뿐이었다.

아내는 이 세계로 돌아올 수 있을까.

이 시기의 나는 아내의 성 피해에 대해 현실감을 느끼지 못하고 있었다. 가해자를 향한 분노와 억울함이 없지 않았지만, 딱히 의식 위로 떠오르지도 않았다. 눈앞에 벌어진 일에 대한 대처와 업무만으로도 벅찼다.

심경이 바뀐 것은 피해가 드러난 지 1년쯤 지났을 무렵이었다. 밑도 끝도 없는 분노에 괴로웠다.

아내가 정신과에 입원한 뒤, 나는 가해자에 대한 법적 수단을 취하기 위해 준비를 시작했다. 변호사 모임에서 제공하는 무료 상담을 통해 형사 고소와 손해배상 청구 방법을 알게 됐고 비슷한 사건의 판례를 조사하는 한편, 여성 인권 문제를 다루는 변호사도 알아두었다.

아내가 처음 정신과에 입원한 때로부터 7개월이 지난 12월이 되어서야 한 여성 변호사에게 아내의 법률대리를 의뢰했다. 도메스틱 바이얼런스domestic violence, 이후 DV*와 성 피해 문제를 많이 다뤄온 사람이었다. 그 무렵 네 번째로 입원해 있던 아내와 면담하기 위해 변호사가 정신과 병동을 방문했다. 그리고 가해자의 거처를 밝혀내 교섭을 시작했다.

그러나 결국 민·형사를 포함한 법적 조치를 단념했다.

처음에는 "자신의 책임"이라고 인정했던 가해자가 변호사

———— * 한국에서 흔히 '가정 내 폭력'으로 번역되지만, 미국 사법부는 domestic violence를 "이성 관계와 동성 관계 모두에서 발생하며 결혼, 동거, 데이트, 공동 양육 등 친밀한 파트너 관계에서 발생할 수 있다."라고 설명해 그 범위를 가족 외까지 확장하고 있음을 알 수 있다. 일본에서는 도메스틱 바이얼런스를 그대로 쓰거나 'DV'라고 줄인 말을 사용하는데 이 책에서도 일본어판을 따라 DV라고 표기한다.

에게는 태도를 바꿔 "합의에 따라 한 일"이라고 주장했기 때문이다. 그 주장을 무너뜨리기 위해서는 아내가 당시 상황을 상세하게 증언하는 것이 필수였지만, 그게 가능한 상태라고는 도저히 생각할 수 없었다. 의사도 "증상을 악화시킬 가능성이 높다"고 진단했다. 법적 구제보다 건강 회복이 우선이었다.

성 피해를 당하고도 울며 겨자 먹기로 넘겨야 하는 피해자는 아내만이 아니었다. 일본 내각부의 조사(2020년도)에 의하면, "강제로 성행위 등을 당한" 여성의 58.4퍼센트가 누구에게도 털어놓지 못한다. 지인에 의한 피해가 많은 데다 피해자가 PTSD나 해리성 장애 같은 정신질환에 내몰리는 일도 많다. 아내처럼 정신적 상처가 심각해 마땅히 상담할 곳이 없는 피해자도 꽤 있을 것이다.

유소년기 학대와 더불어 성 피해라는 새로운 트라우마까지 겹치면서 섭식장애뿐 아니라 자살 충동, 환각과 환청, 극단적인 감정 기복 등 아내의 증상은 더욱 복잡해졌다.

정신질환은 정도의 차이는 있지만 호전과 악화의 기복이 심하고 상태가 갑자기 바뀌기도 한다. 일과 간병을 병행하다 보니 그 판단이 쉽지 않았다.

2007년 8월, 취재처에서 회사로 돌아오는 길에 휴대전화가 울렸다. 액정 화면을 보니 아내였다.

"여보, 잘 있어."

무슨 일이냐고 물으니 "죽으려고 수면제를 많이 먹었어."라고 했다.

머릿속이 하얘졌다. 119에 신고한 뒤 택시를 불러 곧바로 집으로 갔다. 구급대원을 집 안으로 안내한 뒤 아내와 함께 구급차에 탔다. 종합병원 병실에서 입에 튜브를 삽입한 아내를 지키며 하룻밤을 보냈다. 의사는 빨리 조치한 덕분에 후유증은 남지 않을 것 같다고 했다.

다음 날 아침, 의식이 돌아온 아내는 고분고분한 말투로 "물의를 빚어 죄송합니다."라며 고개를 숙여 보였다. 불미스러운 사건을 일으킨 기업이나 관청의 사죄 기자 회견을 흉

내 내는 것 같았다. 무심코 웃음이 터져 나왔다.

이날은 도쿄에서 취재가 예정되어 있었다. 가야 할지 말아야 할지 망설였지만 아내가 "다시는 안 할게. 출장 다녀오면 좋겠어."라고 강하게 권해 신칸센을 탔다.

다량 복약으로 인한 자살 미수는 그해 여름에만 세 번째였다.

첫 번째와 두 번째 시도를 했을 때는 며칠분의 처방약을 한꺼번에 먹었다. 재발 방지를 위해 여행용 옷가방에 약을 넣어 관리했다. 그러나 세 번째 시도에는 약국에서 시판 수면 유도제를 구입해 수십 일분을 단숨에 삼켰다.

안전을 위해 일단 정신과 병원에 입원시키고 싶었지만, 본인의 거부감이 강해 입원을 납득시키기까지 거의 3주가 걸렸다.

정신과 치료를 받게 되면서 생활도 부쩍 달라졌다.

진료 간병과 입퇴원 수속, 문제 행동을 일으켰을 때의 대응, 아슬아슬한 생활비 관리, 거기다 최소한의 집안일까지.

일을 하다가도 불쑥 생활이 끼어들었다. 취재 약속을 잡을 때는 아내의 진료 일정을 먼저 봐야 했다. 매일 예금 잔액을 조회해 생활비와 치료비를 낼 수 있는지 확인했다.

아내가 자살하지 않을까. 주변에 폐를 끼치지 않을까. 회사에서도 취재처에서도 불안이 엄습해 집중이 되지 않았다. 일하는 방식을 바꿨다.

오후에 일찍 퇴근했다. 아내가 위험한 일을 하지 않는지 지켜보며 언제든 야간 응급실에 데려갈 수 있도록 긴장한 상태로 전화 취재를 하고 기사를 썼다. 밤이 되면 처방받은 수면제로 아내를 재운 뒤 컴퓨터에 집중했다.

이 무렵 신문기자의 업무에도 IT화가 진행되고 있어 다행이었다. 인터넷만 연결되면 어디에든 휴대전화와 컴퓨터를 가지고 다니며 최소한의 일을 할 수 있었다.

아무래도 걱정이 가시지 않아서 자비로 아내를 도쿄 출장에 데려간 적도 있었다. 내가 취재하는 동안에는 아내의 학창 시절 친한 친구가 JR 도쿄역 지하상가에서 아내와 말동무가 되어주었다.

할 수 없게 된 일도 많았다. 하루 안에 취재가 끝나는 건만 맡을 수 있었고, 긴 호흡이 필요한 기사는 쓰기 어려웠다. 대형 기획 취재에서도 빠져야 했다. 심야에 벌어지는 사건에 대응해야 하는 당직 근무를 할 수 없게 됐고 그만큼 동료에게 부담을 줬다.

그런 대처가 잘한 것인지는 모르겠다. 무리한 면도 있었던 것 같다. 그러나 취재하고 기사 쓰는 일을 계속하지 않았다면 나는 정신적으로 무너졌을 것이다.

일하러 가야 할까, 아내 곁에 있어야 할까. 판단이 어려울 때 나를 버티게 한 것은 직장 동료였다.

같은 해 10월, 한밤중에 아내가 부엌에서 칼을 꺼냈다. 고함을 지르며 약이 든 옷가방을 찢으려 했다. 말리자 내게 달려들었다. 단골 정신과 병원 당직자에게 전화했으나 돌아온 것은 "가족이 직접 데리고 오셔야 합니다."라는 말뿐이었다. 도저히 불가능했다.

다음 날 아침에는 중요한 취재가 있었다. 이번 기회를 놓치면 만날 수 없는 상대였으므로 미룰 수 없었다. 그렇다고 아내를 내버려둘 수도 없었다. 망설이다 직장 상사에게 전

　　　　　　　　　　　2장 정신병원으로

화해 상황을 설명한 끝에 나 대신 젊은 동료 기자가 나가기로 했다.

이른 아침에 예정된 취재를 당일 새벽에 지시받았으니 당황했을 텐데도 동료는 "중요한 일을 맡겨주셔서 기뻤습니다."라며 오히려 내게 마음을 썼다.

입원과 격리

처음 심료내과 진료를 받은 2007년 5월부터 지금까지 아내가 정신과에 입원한 횟수는 30회가 넘는다. 아내 스스로 입원을 원한 적은 거의 없다. 대부분, 환자가 납득하지 않아도 가족이 동의하면 입원시킬 수 있는 의료보호입원* 제도를 이용했다.

자해 행위나 망상이 지속되면 "가서 진료만 받아보자."고

───── * 입원의 필요성이 있다는 전문의의 진단이 있으나 정신질환자가 입원을 거부하는 경우, 보호자의 신청에 따라 입원이 진행되는 유형으로 우리나라에서는 보호입원이라고 부른다.

달래 병원에 데려갔다. 진료실에서는 주치의와 함께 아내를 설득했다. 울부짖는 아내를 간호사 세 명이 붙잡아 병동으로 데려간 적도 있었다.

그렇게 들어선 곳은 폐쇄병동이었다. 입구가 잠겨 있어 주치의의 허락 없이는 외출할 수 없었다. 4인실이나 6인실 생활이 원칙이었고, 휴대전화 반입 금지에 외부와 연락 수단은 공중전화와 편지가 전부였다.

위험한 행동을 하거나 링거 주사를 뽑을 우려가 있다고 판단되면, 문이 잠긴 보호실에 격리되거나 양팔과 다리를 침대에 묶는 '신체구속'이라는 행동 제한을 받았다. 일정 상황에서 일본 정신보건복지법이 인정하는 조치였다.

언젠가부터 아내는 격리를 매우 두려워했다. 2009년 4월, 주치의가 젊은 남성 의사로 바뀐 뒤부터였다.

새로운 주치의의 섭식장애 치료 방침은 이전과 전혀 달랐다. 이전 주치의는 먹고 토하는 일에 대해 긍정도 부정도 하지 않았지만, 새 주치의는 첫 진료에서 아내를 질타했다.

"뭐라고요? 구토요? 토하면 안 돼요."

얼마 지나지 않아 컨디션이 무너져 입원하니 구토하면 격리한다는 방침이 세워져 있었다.

삶의 고난을 과식과 구토로 넘겨온 아내에게 토할 수 없는 환경은 고통이었을 것이다. 구토하다 들켜 격리되기를 반복하느라 3개월의 입원 기간을 거의 보호실에서 보냈다. 아내의 심정을 생각하면 견딜 수 없었지만, 치료란 어떻게 해야 하는가를 둘러싸고 주치의에게 이의를 제기할 자신은 없었다.

보호실에서 아내를 면회했다.

3평 남짓 작은 방이었다. 자살이나 자해를 막기 위해 침대와 화장실만 허용한 방 안 풍경은 스산했다. 화장실에는 칸막이가 없어 변기 옆에서 식사해야 했다.

아내는 슬픈 눈으로 나를 바라보았다.

"당신이 나가자고 하면 여기서 나갈 수 있는데."

그 눈을 마주 볼 수 없었다.

격리의 본래 목적은 환자의 안전과 병세 안정일 것이다. 그러나 아내에게 격리는 구토에 대한 벌이었다. 이후 아내는 병세가 악화되어도 입원은 절대 싫다며 극렬하게 저항했다.

격리도 구속도 전국적으로 증가하는 추세라고 한다. 일본 후생노동성 조사에 따르면 2017년 격리된 사람이 1만 2817명, 구속된 사람은 1만 2528명이다. 조사 방법이 바뀌어 단순 비교할 수는 없지만, 모두 역대 최다였다(2019년 2월 20일 자『마이니치신문』).

7월, 아내는 퇴원했다. 주치의에 대한 불신이 극심한 아내가 통원 치료를 그만두지는 않을까 걱정됐다.

그런데 아내가 생각지도 못한 방법을 찾았다.

입원 중 아내는 환자의 말을 잘 들어준다는 베테랑 의사에 관한 소문을 들어 알고 있었다. 퇴원하자마자 같은 병원에 있는 그 의사의 진료실로 달려가 자신의 주치의가 되어 달라고 호소했다. 베테랑 의사는 아내의 부탁을 들어주었다. 이 의사는 구토를 나무라지 않았고, 아내도 매주 거리낌 없이 외래 진료를 받게 됐다.

솔직히 고백하면, 나는 아내의 입원 덕분에 겨우 한숨 돌릴 수 있었다. 식욕이 돌아와 단골 식당에서 고기 요리를 먹었다. 밤에는 오랜만에 푹 잤다. 이때만큼은 동료에게 술 마시러 가자는 말도 했다.

그러다 문득 병동에 있는 아내가 떠올랐다. 죄책감이 밀려왔다.

일본은 선진국 중에서도 정신과 병상수가 월등히 많다. OECD(경제협력개발기구) 통계에 의하면 인구 천 명당 정신과 병상수는 일본이 2.59다. 독일 1.31, 프랑스 0.82, 미국 0.25로 1.5 이상인 나라가 없다(통계는 2020년의 것과 최근의 것이 섞여 있다).

이러한 상황이 '사회적 입원'을 늘리는 원인이 되고 있다. 사회적 입원이란, 의학적으로 입원이 필요치 않고 재택요양이 가능함에도 병원에서 생활하는 상태를 말한다.

그 배경에는 간병에 지친 가족이 있다. 어려운 상황에 놓인 가족들은 '어떻게 입원시킬까?' 하는 문제로 머리가 꽉 차 환자의 고충을 헤아릴 여유를 잃기 쉽다. 환자가 병원에서 부당한 격리나 구속을 당해도, 돌보기 어려운 환자를 24시간 맡아주고 있다는 생각에 마음이 약해져 문제를 제기하기 어렵다.

강제 입원 치료가 중심인 일본의 정신과 의료는 오래전부터 '수용주의收容主義'*라는 비판을 받아왔다. 아내의 의료보호입원에 동의한 내가 이를 비판하는 일이 내키지는 않지만, 환자의 의사에 반하는 입원과 행동 제한을 줄이기 위해서는 가족에 대한 지원도 필수라는 말을 하고 싶다.

빈곤 보도

아내가 마음의 병을 앓으면서 주변 풍경이 달라졌다.

오사카시 나카노시마에 있는 아사히신문 오사카 본사는 북쪽으로 도지마가와강, 남쪽으로 도사보리가와강이라는 두 하천 사이에 있다. 내가 부임한 2000년대 중반, 강변에는 수많은 노숙자가 생활하고 있었다. 과거에는 노숙자의 존재를 의식도 못 했던 내가 파란 텐트나 골판지 침대를 따라 걷

───── * 입원에 치우친 정신과 의료 방식으로, 격리수용주의라고도 한다. 정신
장애인을 가두지 않고 통원 치료를 받게 하거나 지역에서 함께 살게 하는
것이 세계적 조류임에도, 이와 반대로 일본의 정신과 의료는 입원을 늘리
는 쪽으로 발전하고 있다는 비판이 있다.

다 보니 그들이 신경 쓰여 견딜 수 없었다.

아내의 섭식장애로 인한 감당할 수 없는 생활비와 그에 따른 대출 상환에 쫓기며 간병 퇴사*가 현실로 다가오던 무렵이었다. 다중 채무나 실업으로 갈 곳 잃은 이들의 모습이 남 일 같지 않았다. 끔찍한 환경에 처한 저들도 나처럼 감정이 있고 자존심이 있는 사람이다. 그 당연한 사실을 처음으로 실감했다.

신문기자로서 관심사도 변했다.

2006년 3월 초, 취재차 오랜만에 오카야마를 방문해 한 남자(당시 61세)에게 이야기를 들었다.

남자는 혼자 살았다. 6년 전부터 택시 기사로 일하고 있지만, 성과제 탓에 월 수령액은 7만 엔 남짓이었다. 집세와 건강보험료는 계속 체납 상태였고, 심장에 지병이 있지만 치료비를 낼 여유가 없어 통원을 미루고 있었다. 지난해에는 급성 심근경색증으로 두 차례나 이송돼 응급수술 끝에

---

* 가족을 간병하는 데에 전념하기 위해 직장인이 회사를 그만두는 사회 현상을 말한다.

목숨을 건졌다. 그러나 수술비를 비롯해 30만 엔 정도가 대부분 체납 상태다.

병원 직원들은 "지금 상태로는 일을 하면 안 된다"며 생활 보호 대상자 신청을 권유했지만 남성은 "열심히 벌어 조금씩이라도 병원비를 내겠다"며 목숨 걸고 택시를 몰았다. 그러나 체납에 대한 부담감으로 병원에 가는 빈도가 뜸해졌고 병세는 악화되었다. 악순환이었다.

4월 9일, 이 남성의 생활상을 담아 '진료비 체납 급증, 공립병원 248곳, 3년 만에 1.5배'라는 제목의 기사를 1면과 사회면에 실었다. 전국 지방자치단체가 운영하는 공립병원을 조사해 본인 부담 진료비를 내지 못하는 환자가 급증하는 현상을 밝혔다. 전국판 1면 톱에 실린 나의 첫 단독 기사였다. 이 보도를 계기로 국회에서는 야당이 정부에게 책임을 추궁했다.

당시는 고이즈미 준이치로 정권 막바지였다. 높은 지지율을 등에 업고 근로자파견법 규제 완화와 본인 부담 진료비 인상 등 경쟁 조장과 개인 책임을 기조로 하는 개혁을 밀어붙이던 때였다. 그 이면에서는 번영의 그늘에 가려져 있던 격차와 빈곤이 차츰 주목받기 시작했다.

다중 채무, 생활 보호, 의료 난민…. 나는 빈곤 문제 취재에 심취했다. 이 남성과 같은 처지에 놓인 당사자를 많이 취재했다. 그 전까지는 인연이 멀었던 1면이나 사회면 톱에 자주 기사를 올렸다. 취재원의 이야기를 들을 때마다 그간의 사회 현실을 보지 못한 내가 부끄러웠다.

2008년에는 일본 열도가 미국발 불황인 리먼 사태에 휩쓸렸다. 가난은 시대의 필연적 주제이기도 했지만, 나 개인의 필연이기도 했다.

아내의 증상이 악화되면서 마음 둘 곳이 없어졌다. 그러나 취재에 열중하면 잊을 수 있었다. 취재원이 겪는 어려움과 내 어려움은 종이 한 장 차이였다. 아내도 나도 이 사회에 무수히 존재하는 '힘든 사람'의 일부에 지나지 않는다는 사실을 깨닫자 어딘지 안심이 됐다.

저널리스트에게는 문제의식이 전부다.

이를테면, 어느 리더의 기자회견에 여러 언론사가 참석했음에도 한 언론사만 문제 발언을 특종으로 다루는 경우가 있다. 그 기자는 평소 인권이나 차별 문제에 예리한 문제의식을 갖고 있었기에 타사 기자들은 흘려들은 발언에서도 무언가를 감지한 것이다.

기자가 문제의식이 있는지 여부가 결정적 차이를 만든다. 취재력이나 필력에 앞서, 문제를 보지 못하면 취재를 시작할 수 없다.

아내가 내 문제의식을 날카롭게 벼려준 것은 분명하다. 그 전까지 보지 못했던 것을 보게 해주었다.

이 시기에 취재를 통해 알게 된 사회운동가 유아사 마코토湯浅 誠 씨는, 빈곤 상태에 놓인 사람이 "보이지 않는다는 사실"을 지적했다.

"모습이 보이지 않는다. 실태가 보이지 않는다. 그리고 문제가 보이지 않는다. 그런 것이 자기 책임론을 허용하며, 그런 까닭에 더욱더 사회에서는 빈곤을 보기 어려워지고, 그 때문에 자기 책임론이 더욱 유발되는 악순환이 일어나고 있다."*

———— * 유아사 마코토 지음, 이성재 옮김, 『빈곤에 맞서다: 누구나 인간답게 사는 사회를 위해』 검둥소 2009.

보이지 않은 것은 좁은 의미의 빈곤만이 아니었다. 과식과 구토로 치유받는 자신을 필사적으로 숨겨온 아내의 고통 역시 나를 포함해 누구에게도 보이지 않았다.

사회에서 보이지 않는 존재를 보고 싶다. 빛을 비추고 싶다. 그런 생각이 강해졌다.

3장

알코올 의존

의존의 시작

　2008년 들어 아내는 알코올에 의존하게 됐다.

　과식과 구토를 마친 밤, 편의점에서 추하이*나 맥주를 사거리에서 마시고 들어오는가 하면 술집에서 고주망태가 되어 돌아오기도 했다. 그런 일이 조금씩 늘었다.

　알코올은 의존성이 강한 약물인 데다, 정신과 처방약과 함께 먹으면 위험하다. 주치의는 당장 술을 끊으라고 지시했고 나도 동의해 같은 말을 했다. 그러나 잠깐 정신을 팔면 아내는 멋대로 외출했다가 잔뜩 취해 돌아왔다. 집 근처에

─────　* 소주에 탄산수와 과즙을 섞어 만든 도수가 낮은 알코올음료다.

편의점과 술집이 많아 술에 손대기 쉬운 환경이었다.

이 무렵 내가 알코올의 위력을 숙지하고 있었다고 말하기는 어렵다. 과식이나 구토에 비해 음주는 짧은 시간 안에 끝나고 취하면 일찍 잠이 든다. 그런 면에서 편하기도 했고 나 역시 술을 약간 즐겼으므로 술을 찾는 마음을 모르지 않았다.

그러나 그때 이미 아내는 알코올 의존증이라는 역을 향해 달리는 특급 열차에 올라탄 상태였다. 보통은 음주를 시작하고 의존증이 되기까지 어느 정도 시간이 걸린다. 개인차는 있지만 남성은 10~20년, 여성은 그 절반 정도의 기간 안에 습관적 과음을 계속하면 의존증이 될 수 있다고 한다. 감염증으로 치면 잠복기와 비슷한 이 시간을 거치고 나면, 어느 시기부터 블랙아웃(음주 시 일시적 기억 상실), 숙취로 인한 결근, 나아가 간염과 췌장염 같은 합병증이 찾아와 문제가 심각해진다.

아내도 술의 악영향이 표면화되기까지 시간이 걸렸다.

이 무렵 내가 걱정한 것은 음주보다 저영양 상태였다. 아내의 몸무게는 24~28킬로그램 사이를 왔다 갔다 했다. 원래 앓던 섭식장애에 체중에 대한 집착이 더해져서 "25킬로그램이 넘으면 뚱보야. 살을 빼야 해."라고 우겼다.

2009년 9월, 심각한 어지럼증을 호소해 인근 종합병원을 찾으니 전신 쇠약과 탈수 진단을 받았다. 응급입원했고 예정은 일주일 정도였다.

그러나 아내가 입원한 지 이틀 만에 일하고 있던 내게 주치의가 전화를 걸어왔다. 안정을 취하라는 지시에도 불구하고 아내가 링거 주사를 꽂은 채 변화가까지 나갔다고 했다.

"이렇게 하시면 치료를 안전하게 이어갈 수 없습니다."

강한 어조로 퇴원을 요구해 따랐다.

왜 그랬는지 물어도 아내는 답이 없었다. 내가 "적당히 해!"라고 화를 내자 "책임지고 죽을게."라는 말이 돌아왔다.

이때는 간 기능 검사치도 정상 범위였고 알코올 문제도 언급되지 않던 시기였다.

2010년 들어 음주 습관이 거칠어졌다. 그동안 자주 마시던 맥주나 추하이 대신 도수 높은 술에 손대기 시작했다. 밤에는 물론이고 대낮부터 마셨다.

컵술*을 방에 숨기는가 하면 취기가 늘 지속됐다. 알코올 의존증의 특징으로 알려진 연속음주 상태였다. 내가 출근하는 아침에도 퇴근한 밤에도 잔뜩 취해 누워 있었다. 집안일을 하지 못해 부엌과 거실은 엉망진창이었다.

일상생활을 거들지 않을 수 없었다. 휘청이는 아내를 깨워 옷을 갈아입히고 집 안을 정리했다. 샤워를 시키고 토사물을 치웠다. 홈쇼핑을 보던 아내가 몽롱한 상태에서 고가의 상품을 주문하면 취소와 반품 절차를 밟는 사람은 나였다. 가장 어려운 일은 콘택트렌즈를 빼주는 것이었다.

나중에 안 사실이지만, 이런 식으로 가족을 돌보는 행위를 인에이블링enabling**이라 하는데, 그 결과 의존증 당사자는 음주가 초래하는 문제들을 직면하지 않은 채 살게 된다. 술을 끊으라고 설교하거나 술을 버리는 일도 마찬가지였다.

───── * 유리컵이나 캔에 담아 파는 술이다.
** 문제를 해결하는 데에 도움을 주기 위해 접근했으나 오히려 문제를 지속시키거나 악화시키는 이상 행동을 의미한다. 의존증의 경우, 환자 가족이 환자를 돕기 위해 한 행동이 오히려 알코올 의존증을 악화하는 결과를 초래하면 이러한 행동을 '인에이블링'이라고 한다.

알코올 의존증 환자의 가족은 인에이블링을 하지 않는 것이 치료 원칙으로 알려져 있다.

섭식장애에 알코올 의존증이 겹치면서 몸에 미치는 피해는 더 심각해졌다.

아내는 주량이 늘면서 과식이 줄었고 오히려 식사를 덜 하게 됐다. 마른 몸에 컵술을 부어 넣다 보니 저영양 상태와 간 기능장애가 진행됐다. 2011년 8월에는 간 기능 지표 GOT(일반적인 기준치 상한은 35 전후)가 1542를 기록해 응급입원했다.

장기만 문제가 아니었다. 술에 취해 넘어지는 탓에 타박상과 골절상이 끊이지 않았고 양치를 못 해 충치가 눈에 띄기 시작했다. 정신과 통원 외에도 내과, 정형외과, 치과를 찾는 횟수가 늘었다.

일상에 녹아든 간병에다 잦은 통원 치료까지. 아내를 돌보는 일은 더 복잡해졌고, 업무와 조정하기 한층 어려워졌다.

음주로 인한 증상이 심각해지는 가운데, 새로운 치료를 시작했다.

여름 해가 비치는 작은 방. 테이블을 사이에 두고 아내와 여성 임상심리사가 마주 앉았다.

"지금 기분이 어떠세요?"

임상심리사가 묻자 아내는 고개를 돌린 채 꺼져가는 목소리로 중얼거렸다.

"집에 가고 싶어요."

2013년 7월, 이렇게 상담이 시작됐다. 나도 동석한 첫 번째 상담에서 아내는 꽤 긴장했다. 앞으로 괜찮을지 걱정이 되었다.

그로부터 4년간 상담은 계속됐다. 핵심은 유아기부터 시작해 자신의 역사를 돌아보는 일이었다.

아내는 어떻게 상담 치료를 받아들였을까.

계기는 내가 쓴 연재 기사였다. 2012년 2월 21일부터

24일까지 생활면(오사카 본사판)에 실은 기사의 제목은 「그 여자에게 생긴 일: 터널의 저편」이었다. 섭식장애를 앓는 여자 대학생(당시 22세)이 취업 활동과 연애에 분투하는 모습을 그려 같은 질환을 앓는 이들로부터 큰 반향을 얻었다.

기사를 읽고 만나고 싶다고 연락을 준 사람이 있었다. 일본에서 몇 안 되는 섭식장애 치료 전문가 중 한 명인 의사 이쿠노 데루코生野 照子(고베여학원대학교 명예교수)였다.

섭식장애라는 질환은 '본인의 자제력이 부족해 생기는 것'이라는 편견에 노출되기 쉽다. 당시 이쿠노 씨는 섭식장애에 관한 올바른 지식을 널리 알리고, 환자를 지원할 여건을 마련하자는 목표로 활동하고 있었다. 그에게 "기사로 힘을 보태주십시오."라는 요청을 받아 환자와 가족들을 대상으로 한 기사를 썼다.

친분이 쌓이다 보니 아내의 병에 대해서도 개인적으로 상담하게 되었다. 임상심리사 자격도 있는 이쿠노 씨는 "아내분의 이야기를 차분히 들을 수 있는 자리가 필요하지 않겠느냐."고 조언했다. 증상의 이면에 있는 트라우마에 눈을 돌려야 한다는 취지였다.

듣고 보니 그간 아내의 치료에서 부족했던 부분이 보이는 것 같았다.

매주 정신과를 방문해 진료받고 있었지만 기껏해야 5분에서 10분이었다. 아내는 온화한 성격의 주치의를 좋아했지만, 봐야 할 환자가 많은 의사로서 한 환자와 긴 시간 대화하기는 어려웠다. 심해지는 음주벽, 과식 및 구토와 더불어 손목을 긋는 행위까지 반복하며 아내는 좀처럼 회복의 실마리를 찾지 못하고 있었다.

상담은 효과를 보기까지 시간이 걸리는 치료법이지만, 그럼에도 상담을 시작할 수 있었던 데에는 또 다른 이유가 있었다. 2013년 봄, 처음으로 기자직을 떠나 오사카 본사 대표실로 부서를 옮기면서 시간 여유가 생긴 것이다.

기자로서 취재 욕심을 버리기가 어려워, 부서 이동을 받아들일지 말지 망설였다. 그러나 빈곤 문제를 보도할 때 군건한 버팀목이 되어준 상사로부터 "아내에게 너를 대신할 사람은 없다"는 말을 듣고 결국 받아들였다. 생애 처음으로 규칙적인 근무를 하게 되면서 일정 조정이 수월해졌다.

이쿠노 씨의 조언에 따라 아내의 주치의와 상담한 끝에, 같은 정신과 병원의 임상심리사를 소개받았다. 아내는 과거 남성 상담사와 맞지 않았던 경험이 있었으므로, 이번에는 트라우마 치료에 오랜 경력을 가진 여성 상담사를 만나게 했다.

상담은 주 1회 50분. 환자 본인과 임상심리사가 1대1로 진행하는 것이 원칙이었다. 첫 반년 정도는 아내가 안심할 수 있는 분위기를 조성하는 데에 집중하는 듯했다. 아침부터 술을 많이 마셔 결석한 날도 있었지만 아내는 차츰 적극적으로 임했다.

그렇게 연말이 되자 과거와 마주하는 작업에 들어갔다.

해리와 PTSD

사람은 견딜 수 없이 가혹한 일을 겪으면 기억을 봉쇄하기도 한다. 단순 망각과는 다르다. 자신을 지키기 위해서 견딜 수 없는 기억을 떼어내 떠오르지 못하게 하는 것이다.

봉쇄한 기억은 사라지지 않는다. 느닷없이 떠올라 머릿속에서 재생되기도 하고, 그때의 일과 관련한 것을 무의식적으로 피하려 하는 등 다양한 형태로 생활에 영향을 미친다. 이것이 트라우마가 일으키는 증상 중 하나다.

상담이 진행되면서 아내가 봉쇄했던 기억도 선명해졌다. 어릴 때 당한 신체적·정신적 폭력 중에는 성폭력도 있었다. 일부는 이미 들어 알고 있었지만 되살아난 기억은 그보다 훨씬 무거웠다. 임상심리사는 상담 횟수와 시간을 늘렸다.

특히 두드러진 질환은 PTSD와 해리성 장애 두 가지였다.

PTSD는 자연재해나 사건, 전쟁 등을 체험한 사람이 과도한 긴장을 지속적으로 느끼는 '과각성過覚醒' 또는 고통스러운 체험을 거듭 떠올리는 '재경험' 증상으로 나타난다. 일본에서는 1995년 고베 대지진을 계기로 알려졌다.

유아기에 당한 학대처럼 피해가 장기간 반복된 경우는 C-PTSD(복합 외상 후 스트레스 장애)라고 부른다. 감정을 통제할 수 없게 되거나, 자기 파괴적인 행동을 하는 것이 특징이다. 바로 아내 이야기라고 생각했다.

해리성 장애는, 통합되어 있어야 할 의식과 기억이 붕괴하여 나라는 감각이 사라진 상태를 만든다. 눈에 보이는 사물이 현실이 아니라고 느끼거나, 기억을 잃거나, 정신이 드니 모르는 곳에 있었다는 증상 등이 대표적이다. 증상의 사례가 광범위해 전문가가 아닌 사람은 쉽게 이해하기 어렵다.

해리가 진행되면 한 인물 안에서 여러 인격이 나타날 수 있다. 해리성 정체감 장애, 이른바 다중 인격이다. 의사는 아내에게 그 가능성을 언급했다.

몇몇 장면이 떠올랐다.

하나는 앞서 언급했던 2005년 4월, 아내가 갑자기 네발로 기며 혼날 거라고 중얼거린 일이었다.

그것만이 아니었다. 2007년 무렵부터 밤에 혼자 중얼거리는 일이 여러 번 있었다. 탁자에 음식을 펼쳐놓고 먹는데, 마치 눈앞에 누가 있는 것처럼 즐겁다고 말하며 가끔 웃기도 했다. 들어보니 과자 파티를 여는 것 같았다.

얼마 뒤 원래의 모습으로 돌아왔지만, 아내는 그때의 일을 기억하지 못했다. 한 정신과 의사는 해리 가능성이 높다고 봤다.

상담 치료는 때로 잔인했다.

자신의 역사를 더듬는 작업이 막바지에 이르러 쓰라린 기억이 되살아날 때마다 아내는 난폭해졌다. 술을 마시고 손목을 긋고 한밤중에 고함을 쳤다. 임상심리사는 "마지막 고비예요. 여기만 넘기면 편해질 겁니다."라며 격려했다.

상담을 시작한 지 10개월 만인 2014년 4월 15일 오후, 일하던 중에 아내에게 전화를 받았다. "죽고 싶다"고 했다. 서둘러 귀가하니 아내는 침대에 누워 있었다. 내 얼굴을 보고는 일어나 베란다에서 뛰어내리려 했다.

"진료라도 받자." 반강제로 차에 태워 늘 가던 정신과 병원의 응급외래로 데려갔다. 아내는 "입원하기 싫어!"라며 저항했지만 "죽고 싶다는 마음이 강해서 위급한 상황이다"라는 당직의의 판단으로 의료보호입원을 했다.

마음이 좋지 않았지만 입원한 열흘 동안 아내는 정신과 병동에서 자신의 역사를 돌아보는 작업을 마무리했다. 41년간의 인생이 A4용지 13장으로 정리됐다.

읽기 힘들었지만 끝까지 읽었다. 처절함에 할 말을 잃었다. 잘 버텨줬다고 생각했다.

임상심리사가 말했다.

"여기까지 왔으니 이제 예전으로 돌아가지 않을 겁니다."

되살아난 기억

그러나 상황은 임상심리사의 말대로 흘러가지 않았다.

한 달여 만에 아내는 감정 기복이 심해지고 주량도 늘었다. 임상심리사의 말로는 자신의 역사를 되짚으며 쏟아져 나온 트라우마 체험이 되살아났기 때문이라고 했다.

"내 인생 돌려줘!" 아내는 그렇게 외쳤다.

난생처음 자신을 '피해자'로 인식한 것 같았다. 과거의 가해자에 대한 분노로 괴로워하는 것처럼 보였다. 어찌할 수 없는 감정을 품고 있기가 버거웠는지 집에 있는 물건을 닥치는 대로 던진 적도 있었다.

상담과 함께 알코올 의존증에 대한 전문 치료를 받을 필요성이 언급되면서 2014년 여름에는 의존증 전문병원으로 전원했는데, 여기에 대해서는 나중에 다시 이야기하고자 한다.

아내는 주변에서 벌어지는 사건에 과민하게 반응했다.

2015년 1월, 이슬람 과격 무장단체 IS가 일본인 두 명을 인질로 잡은 사건이 연일 크게 보도됐다. TV에서 눈을 떼지 못하던 아내는 인질에 관한 보도를 볼 때마다 "죽이지 마!"라고 울며 애원했다. 두 명의 인질은 결국 살해됐다.

예전에도 학대와 폭력을 다룬 프로그램을 보며 불안정해진 적이 있지만 그렇게 격한 반응을 보인 것은 처음이었다. 무엇이 그토록 마음에 와닿았을까. 인질 중 한 명은 프리랜서 저널리스트였다. 아내는 "기자인 당신이 인질이 된 기분이었어."라고 했다.

그런가 하면 가족애를 그린 다큐멘터리와 드라마를 보면서는 "웃기고 있네."라며 짜증을 냈다. 당시는 고베 대지진 20주기를 맞아 지진 유가족을 애도하는 보도가 많았다. 아내는 자신이 자란 환경과 너무나 다른 유가족들의 모습에 몹시 놀랐는지도 모른다.

아내의 삶이 어둡기만 하지는 않았다. 과거를 더듬어보는 작업은 아내의 버팀목이었던 이들에게도 빛을 비추었다.

아내는 어릴 때 근처에 살던 조부모님 댁에 자주 놀러 갔다. 할아버지는 "잘 지냈니?" "왔구나."라며 따뜻하게 맞이했고 할머니는 손수 요리해주었다. 할머니는 말년에 인지저하증*을 앓았지만, 아내의 얼굴만은 끝까지 잊지 않았다고 했다. 할머니가 좋아했던 죽과 빵은 지금 아내가 가장 좋아하는 음식이다.

학창 시절에는 두 명의 친구가 곁에 있었다. 평소에는 농담만 주고받는 친구들이지만, 아내가 전남편과 이혼을 앞두고 다툴 때는 동분서주하며 아내에게 잘못이 없음을 변호사에게 증언해줬다. 육아로 바쁜 지금도 아내를 걱정하는 편지를 보낸다.

PTSD에는 당사자가 가혹한 일을 체험한 것뿐 아니라 가까운 사람에게 정서적 지지를 받았는지 여부도 영향을 미친다고 한다. "환자가 힘든 환경에서도 버틸 수 있었던 것은

---

* 치매를 가리키는 말이다. 『살아남기 위해 필요한 고통』(다다서재, 2022)에서는 다음과 같은 이유로 치매와 인지저하증을 구별하고 있는데, 이 책에서도 같은 이유로 치매를 인지저하증으로 옮겼다. "'치매(癡呆)'는 '어리석을 치(癡)'와 '어리석을 매(呆)'를 합친 단어로 오랫동안 명칭을 바꿔야 한다는 의견이 있었다. 한국에서는 그간 법률 개정을 통해 '인지장애증', '인지저하증' 등으로 변경하려고 했지만, 매번 보류되었고 여전히 치매를 쓰고 있다. 이 책에서는 '치매' 대신 '인지저하증'을 사용한다."

사랑과 우정을 확인할 기회가 있었기 때문"이라고 임상심리 사는 말했다.

상담을 받는 동안은 마치 종착역을 알 수 없는 롤러코스 터에 탄 것 같았다. 아내의 정신 상태는 시시각각 바뀌었고, 나는 희망과 절망 사이를 요동쳤다.

그러나 임상심리사는 늘 침착하고 따뜻하고 변함없는 태 도로 대해주었다. 상담실에는 여유로운 분위기가 흘렀다. 상담사에 대한 믿음이 있었기에 아내도 괴로운 과거를 마주 할 수 있었을 것이다. 가족인 나도 몇 번인가 상담받았다.

일본에는 트라우마를 치료하는 전문적인 기법을 익힌 상 담사와 의사의 수가 아직 적다. 트라우마 치료 방법으로서 심리요법의 효과가 속속 드러나고 있음에도 실제 의료 현장 에서 상담이 널리 받아들여지고 있다고 말할 수 있는 상황 은 아니다. 치료의 중심은 여전히 약물요법이다.

이쿠노 데루코 씨는 2019년 8월, 76세의 나이에 췌장암 으로 사망했다. 생전에 의료에 종사하며 심리치료의 확대를 주장했고, 스스로도 임상심리사와 팀을 이루어 섭식장애를 치료하기 위해 애썼다. 이쿠노 데루코 씨의 유지가 실현되기를 바란다.

죽음을 각오한 밤

투병 중인 아내와 살다 보니 자연스레 일기를 쓰게 됐다. 견딜 수 없는 기분이 들 때, 글로 쓰면 조금 차분해졌다.

2014년 9월 16일에는 이렇게 썼다. (○○는 아내의 이름이다.)

"아… 하루 종일 집에 있으며 연속음주로 쇠약해져가는 ○○를 보고 있다. 괴롭다. 일하면서 ○○를 걱정하는 것도 괴롭지만, 눈앞에서 아무것도 할 수 없는 스트레스도 상당하다."

아내는 나날이 주량이 늘어나서 식사도 제대로 하지 않게 되었다.

나흘 뒤인 20일 저녁, 아내가 침대에서 구급차를 불러달라고 호소했다.

그날 아침 병원에 다녀온 뒤부터 아내는 거의 움직이지 못하고 있었다. 얼굴색도 좋지 않았다. 구급차를 타고 인근 종합병원으로 이송돼 채혈하고 점적주사*를 맞았다.

당직의에게 채혈 결과를 듣고 놀랐다. 간 기능 상태를 나타내는 GOT 지수가 3040이었다. 다른 수치도 모두 최악이었다. 당직 의사는 "생명이 위험합니다."라고 했다. 이어진 말에 귀를 의심했다.

"우리 병원에는 입원할 수 없습니다. 집에 돌아가셔서 술을 못 드시게 하세요."

머릿속이 하얘졌다. 설령 내가 따라다니다시피 해서 음주를 멈춰도 치료받지 않은 채 생명을 유지할 수 있을까. 몸에서 알코올이 빠져나갈 때 이탈 증상이 올 수도 있다. 나는 위험한 상태를 면할 때까지만 입원하게 해달라고 간청했지만 젊은 당직의는 안 된다는 말만 거듭했다. "아내분을 받아줄 병원은 없어요."라고 잘라 말하기도 했다.

───── * 영양분 보급이나 수혈을 위해 많은 양의 약물을 높은 곳으로부터 긴 시간에 걸쳐 한 방울씩 떨어뜨려서 정맥으로 흘러들도록 하는 주사.

아내는 몽롱한 상태에서 신음만 계속했다. 그 종합병원은 정신과 병동이 없는 곳이었다. 그래서 정신적으로 불안정한 환자를 맡기 어렵다는 말인가. 5년 전, 아내가 링거 주사를 꽂은 채 외출하는 사고를 친 곳이 이 병원이었는데, 혹시 그 일도 영향을 미쳤을까.

나중에 공개된 의료 기록을 보니 "입원 후 술을 끊고 치료할 필요가 있지만 본인은 여전히 음주를 인정하지 않고 입원도 강하게 거부하고 있으므로 입원 관리가 어려울 것으로 판단된다."라고 되어 있었다. 그러나 당시 아내는 의사 표현을 할 수 있는 상태가 아니었다.

이판사판의 심정으로 지난달까지 입·퇴원을 반복했던 정신과 병원에 직접 전화를 걸었다. 기도하는 마음으로 휴대전화를 움켜쥐고 목숨만 살려달라고 호소했다.

채혈 결과를 들은 야간 당직 간호사는 말을 잇지 못했다. 새벽까지 검토한 끝에 "내과가 아니라 충분한 대응을 할 수 없는 상황을 이해해주신다면"이라는 전제를 달아 받아주기로 했다.

종합병원 당직의는 상황을 듣고 당황한 모양이었다.

"무슨 일이 있어도 절대로 (병원을) 고소하시면 안 됩니다. 저희 병원에 도착하면 그런 취지를 서면으로 남겨주세요."라고 내게 당부했다. 실랑이를 벌일 형편이 아니었으므로 그러겠다고 대답했다.

정신과 병원으로 이송된 아내는 나흘 동안 침대에 묶여 점적주사를 맞고 목숨을 건졌다. 의료보호입원에는 3개월 이상이 필요했다.

누구나 의료에 접근할 수 있어야 할 요즘 세상에 정신장애라는 벽 때문에 치료받지 못하는 현실을 실감했다.

환자가 정신질환과 함께 앓는 신체질환을 어떻게 다룰 것인가는 정신과 의료계에서 중요한 과제인 것 같다. 특히 알코올 의존증이나 섭식장애의 경우 신체 합병증이 심각해 조치를 서둘러야 하는 경우도 있다. 그럴 때는 신체질환 치료를 우선시하는 게 원칙이지만 현실에서는 정신과 환자를 꺼리는 경우가 있다.

알코올 의존증을 전문으로 하는 나루세 노부야成瀬 暢也 사이타마현립 정신의료센터 부병원장은 저서에서 "신체 상태가 나빠 관련 진료과에 입원을 의뢰해도, 2차 구급* 단계에서 받아주지 않는 경우도 많다."** 라고 지적한다. 그들이 정신과 환자 수용을 불안해하는 이유를 이해 못 할 바는 아니다. 의사소통이 어렵고 의료진의 손길이 많이 필요하기 때문이다. 치료에 대한 동의가 이뤄지지 않아 갈등으로 이어질 수도 있다. 아마도 그런 불안감이 있을 것이다.

물론 모든 의사가 그런 것은 아니다. 감정이 불안정한 아내를 시간을 들여 정성껏 진료해준 의사도 있었다는 사실을 밝히고 싶다.

그럼에도 다른 진료과 의사들 사이에 정신과 환자에 대한 편견이 없지 않다는 사실을 나는 느꼈다.

아내가 구급 이송되었을 때 난데없이 "왜 정신병원에 입원시키지 않았느냐?"라고 질책당한 경험은 한두 번이 아니었다. 아내의 상태가 좋지 않은데도 이송처를 찾는 구급대원에게 "정신과로 먼저 가라"며 수용을 거부한 병원도 있다.

─── * 수술이나 입원이 필요한 중증 환자를 대상으로 하는 응급의료를 말한다. 1차 구급은 경증 환자나 입원할 필요가 없는 환자를 대상으로 하고, 3차 구급은 위중증 환자나 특수질환자를 대상으로 한다.
** 成瀨 暢也, 『アルコール依存症治療革命』中外医学社 2017.

이런 경험은 나에게 국한된 것이 아니다. 정신장애인 가족 모임에서 쉽게 들을 수 있다.

논픽션 작가 노무라 스스무野村 進가 쓴 『구급 정신병동』*에는 정신과 병원 건설 계획에 반대하는 어느 마을 주민들이 시위를 벌이는 일화가 나오는데, 정신질환자에 대한 편견을 조장해 시위에 영향을 주는 인물이 다름 아닌 현지 유력 의사다. 의사이자 일본 응급 정신과의 창시자인 겐미 가즈오計見 一雄는 "정신병 환자에 대해 누구보다 강력한 차별과 편견을 가진 사람은 지역 주민이 아니라 다른 과 의사들이다."라고 단언한다. 지금은 아니라고 할 수 있을까.

자조 모임

같은 정신과라도 알코올 의존증 전문병원은 전혀 달랐다.
2014년 8월 중순, 아내와 나는 소개장을 들고 알코올 의

———— * 野村 進, 『救急精神病棟』講談社 2010.

존중 전문병원을 찾았다. 병동 입구 주변에서 입원 환자 여러 명이 담소를 나누는 모습이 눈에 들어왔다. 알코올 의존증에 덧씌워진 이미지와 달리 병동의 분위기가 밝아 인상적이었다.

전문병동은 원칙적으로 단주斷酒 의사가 분명한 사람만 입원을 허용한다. 치료는 3개월이 원칙이며 출입이 자유로운 개방병동에서 이루어진다. 억지로 가두어 술을 끊게 하는 것이 아니라 마시려면 마실 수 있는 환경에 있어야 치료 효과가 높아진다는 생각 때문이다. '술 끊는 약'이 없는 대신, 환자 간 만남이나 의존증 관련 강좌 등 다양한 프로그램이 마련되어 있어 환자들은 학생 시절로 돌아간 것처럼 배우기에 바쁘다. 일본의 정신과 의료 체계를 비판할 때 자주 언급되는 수용주의, 다제 대량 처방*과는 반대인 것 같아 흥미로웠다.

———— * 약효가 같은 약들을 과잉 처방하고, 그 분량도 필요보다 많이 처방하는 것을 말한다. 정신과에서 사용하는 약에는 항우울제, 기분안정제, 흥분제, 항불안제, 수면제 등이 있는데 중첩되는 약효를 고려하지 않고 각각의 약을 여러 개씩 처방하다 보면 자연스럽게 다제 대량 처방이 된다. 이러한 처방이 이루어지는 원인으로는 정신과 의사의 약리학 지식 부족이 지적되며, 다제 대량 처방된 약을 복용하다가 그 양을 줄이면 이탈 증상이 생길 수 있다.

3장 알코올 의존

그러나 자유로운 환경이었던 만큼 치료에서 이탈하기도
쉬웠다.

아내는 8월과 9월에 총 두 차례 입원했지만 모두 하룻밤
만에 퇴원했다. 나와 간호사가 말려도 소용없었다. 다 싫어졌
다며 제멋대로 짐을 싸 들고 나갔다. 주치의는 "임의입원*이
기 때문에 본인의 의사를 받아들일 수밖에 없다."라고 했다.

앞에서 말한 것처럼, 이후 아내는 주량이 늘어 구급 이송
된 뒤 결국 일반 정신과 병원에 입원했다. 짧은 시간이었지
만 알코올 의존증 치료 현장을 엿보며 새로운 세계를 만날
수 있었다.

술을 끊는 일은 어렵다. 끊은 상태를 유지하기는 더 어렵
다. 이 어려움을 극복하는 버팀목이 전국에 있는 자조 모임
이다.

자조 모임에서는 단주를 유지하려는 환자들이 자발적으
로 모여 체험과 생각을 나눈다. 이것이 회복에 꽤 효과적이

---
* 정신질환자나 정신건강에 문제가 있는 사람이 스스로 신청하여 입원하
는 유형으로, 우리나라에서는 자의입원이라고 부른다.

어서, 전문 의료기관에서도 환자에게 자조 모임 참여를 독려한다. 잘 알려진 자조 모임은 단주회斷酒会와 익명의 알코올 의존자들Alcoholics Anonymous, AA 두 곳이다. 약물 의존증이나 도박 의존증 분야에도 비슷한 모임이 있다.

가족 동반이 허용되는 그룹을 선택해 아내와 함께 참여했다. 그곳에서 접한 환자들의 이야기에 마음이 끌렸다.

술로 인해 가족과 헤어지게 된 과거를 돌아보는 사람도 있고, 직장을 잃은 뒤 처음으로 술을 끊기로 결심한 사람도 있었다. 10년 넘게 술을 끊고 지내는 사람도, "어제 술을 마셨어요."라고 고백하는 사람도 있었다. 나이도 사회적 지위도 다양한 남녀가 단주라는 공통의 목표로 연결되어 있었다.

아내도 입을 열었다.

"저는 아직 회복이라는 걸 상상할 수 없어요. 하지만 남편과 평범하게 살고 싶어요."

말하는 사람은 말하기만, 듣는 사람은 듣기만 하는 것이 모임의 규칙이었다. 그러니 무슨 말을 하든 비난이나 칭찬을 듣지 않아도 됐다. 치료하는 사람과 치료받는 사람의 구별도 없었다.

모인 이들은 자연스럽게 자신을 드러냈다. 같은 고통을 겪은 사람들 안에서 자신의 나약함과 무력함을 죄책감 없이 바라볼 수 있었다. 당사자들의 말에 마음이 움직였다. 자조 모임이 효과가 있는 이유를 알 것 같았다.

나도 가족만 참여할 수 있는 그룹에 들어갔다. 아내의 음주가 멈추지 않는다고 말했다. 아내의 건강이 걱정되어 견딜 수 없다고, 결국 고함을 지르고 만다고. 가슴에 품고 있던 것들을 토해냈다.

어느 날 모임이 끝난 뒤, 근처에 있던 고령의 남성이 나를 바라보았다. 그날 모임에서 아내의 음주로 고통받았던 경험을 털어놓은 사람이었다. 남자가 눈물을 흘렸다.

"많이 힘들지? 사정은 잘 몰라도, 얼마나 괴로운지는 잘 알아."

나도 눈물이 흘러 말을 잇지 못했다.

접시에 절반 넘게 남은 볶음국수를 후배 기자가 걱정스럽게 바라보았다. 평소 나는 식사를 좀처럼 남기지 않지만, 위가 더는 받아들이지 않았다.

2014년 8월 말, 동료와 점심을 먹던 중국집에서 나의 변화를 깨달았다.

1~2주 전부터 무엇을 먹어도 모래를 씹는 것 같고 입맛이 돌지 않았다. 한밤중에는 답답한 기분에 휩싸여 몇 번이나 잠에서 깼다. 일어나서도 머리가 멍했다.

아내를 상담 중인 임상심리사의 권유로 9월 13일, 근처 정신과 클리닉에서 상담을 받았다.

주택가 한구석의 빌딩에 위치한 진료실이었다. 의사와 마주하니 나도 모르게 괴로운 심정을 줄줄 읊었다. 업무와 간병을 병행하는 생활의 고단함, 속수무책인 상황에 잠을 이루지 못하고 먹을 수도 없게 된 일.

의사는 조용히 귀 기울이더니 눈앞의 컴퓨터로 진단서를

작성했다. 한 달간 일을 쉬어야 한다는 내용이었다.

"내가 이렇게 힘들었던가."

정신과 클리닉을 나오니 주택들이 어스름한 저녁 빛에 덮여 있었다.

진단서에 적힌 내 병명은 적응장애였다. 어떤 상황이나 사건이 원인이 되어 우울, 불면, 식욕부진 등을 초래하는 질환이다. 우울증과 다른 점은 원인이 제거되면 증상도 사라진다는 것인데, 계속되면 우울증으로 발전하는 경우도 있다고 한다.

내 경우 그 원인에는 공과 사가 얽혀 있었다. 술에 취한 아내를 보살피느라 피폐해진 가운데, 9월 1일 자로 이동 명령을 받아 큰 성과를 내야 하는 취재팀의 일원이 됐다. 잘 해낼 상황이 아니라서 거절했지만, 회사는 들어주지 않았다. 외줄 타기를 하듯 아내의 통원을 거들고 집안일을 했다.

휴직을 시작하고 얼마 뒤인 9월 21일, 앞서 이야기한 대로 아내가 종합병원에서 입원을 거부당하고 정신과 병원에 입원했다. 결과적으로 내게는 간병에 전념하기 좋은 환경이 됐다.

휴직은 최종적으로 3개월간 지속됐다. 나는 그동안 항불안제를 복용하며 무위의 시간을 보냈다.

아내에게 정신적 증상이 나타난 지 10년이 넘었다. 오랜 세월 혼자 짊어진 피로가 누적된 것 아니냐고 임상심리사가 말했다.

마음의 병을 앓는 사람을 돌볼 때 무서운 것이 고립이다. 혼자서 끙끙대다 간병 우울증에 걸린 사례를 가끔 듣는다. 특히 간병하는 사람과 간병받는 사람 둘이서만 생활하다 보면 간병인이 막다른 곳에 몰리기 쉽다고 한다. 간사이 지역에 친척도 지인도 없는 우리는 지역사회로부터 고립되어 스트레스가 쌓이기 쉬운 상황에 놓여 있었다.

12월 15일에 복직했다. 상사의 배려로 한동안 부담이 적은 일을 맡았다. 예전에는 특종이나 기획 기사에 관한 구상이 머릿속의 많은 부분을 차지했지만, 이제는 뒷전이 됐다.

새해가 밝아 1월이 되면 아내가 퇴원한다는 사실이 가장 큰 불안이었다. 항불안제를 계속 복용했다.

2015년 새해 첫날. 눈을 뜨니 거실에서 가다랑어 육수 냄새가 났다.

"떡국 끓였어."

아내가 그릇에 김 나는 국을 담아주었다. 잘게 썬 채소와 닭고기에 떡. 후루룩 한 입 먹으니 따뜻함이 배 속까지 스며들었다.

"오늘은 어디에 외출이라도 할까?"

아내가 생기 있는 목소리로 말했다. 전날, 입원 중이던 아내가 3박 예정으로 잠시 집에 왔다. 퇴원에 대비한 연습이었지만, 집에 돌아온 지 얼마 되지 않아 아내가 내 지갑에서 돈을 훔치려고 해 싸웠다. 술을 사고 싶은 충동을 억누르지 못한 것 같았다. 둘 다 좋지 않은 기분으로 새해를 맞이했다.

날이 밝으니 아내가 일찍 일어나 부엌에 서 있었다.

결혼 후 아내는 줄곧 손수 요리해주었다. 내가 일하다가 실수한 날, 다른 신문에 보도를 뺏긴 날, 내 표정을 보고 무슨 일이 있는 것 같으면 솜씨를 발휘해 요리를 했다. 화이트 스튜, 햄버그스테이크, 미트로프까지. 거기에는 말이 필요 없었다.

휴직 기간 중 직장에 폐를 끼쳤다는 생각에 마음이 무거웠던 내게 아내는 "지금까지 좋은 기사를 많이 썼잖아."라며 폐쇄병동에서 응원을 보내왔다.

만취해 폭력을 행사하는 아내와 손수 요리해주는 아내. 전자의 충격이 너무 강해 후자의 모습은 잊기 쉬웠다.

새해 첫날 오사카는 낮 최고 기온 5도의 추운 날씨였다. 동글동글한 떡을 먹으며 이걸로 일주일은 버티겠구나 생각했다.

4장

입원 생활

의존증 환자의 가족

알코올 의존증은 '부정하는 병'이라고 알려질 만큼 환자는 자신이 아프다는 사실을 인정하지 않는 경향이 있다. 아무리 그렇다 해도 아내의 부정은 극단적이었다. 옆에 빈 병이 굴러다녀도 안 마셨다고 우겼다. 술 냄새가 난다고 하면 나를 때렸다.

술 마시고 난동 부리는 일이 심해지자 내 안에서 무언가가 무너졌다.

"나는 당신 노예야?"

"당신 때문에 내 인생은 엉망이 됐어."

아내에게 모진 말을 했다. 그것도 모자라 벽에 의자를 던지고 바닥에 물건을 내동댕이쳤다.

그전까지는 아내에게 고함을 친 적이 없었다. 만취한 아내가 내 말과 행동을 기억하지 못해 천만다행이었지만, 내 행동이 놀랍고 싫었다. 예전에 싱글맘을 취재할 때 들은 DV 피해가 떠올라 내가 무서워졌다.

아내가 술을 마셨는지 아닌지 늘 신경 쓰였고 거기에 따라 마음이 오르락내리락했다. 아내가 맨정신이면 행복했다가 술을 마시면 절망했다. 사소한 움직임까지 감시하지 않으면 불안했다. 의심하는 나와 부정하는 아내. 부부가 아니라 형사와 피의자 관계였다.

대상을 보고 파악하는 내 능력도 왜곡된 것 같았다.

기자직을 떠나 있던 2014년, 옛 동료 기자가 중요한 업무를 맡았다. 그 사실을 알았을 때 경험한 적 없는 감정이 일었다. 질투, 증오, 부러움, 초조, 열등감, 짜증. 그것들이 한데 뒤섞인 기분이었다.

예전에는 취재 경쟁에서 이긴 기쁨이나 진 아쉬움 따위 하룻밤 자고 나면 사라졌다. 그러나 그때의 어두운 감정은 며칠이 지나도 희미해지지 않아 괴로웠다.

전문가에 따르면 의존증 문제를 떠안은 가족은 공통으로 다음과 같은 정신 상태에 빠진다고 한다.[*]

① 관심이 온통 의존증 환자에게 집중되어 쉽게 휘둘리고 일희일비한다.

② 내 힘으로 환자를 의존증에서 벗어나게 해주고 싶다고 생각하고 노력한다.

③ 의존증 때문에 발생한 문제를 본인이 대신 수습하고 해결하고 책임진다.

④ 의존증 환자를 불신, 분노하고 혐오를 강화하며 비판, 비난, 공격한다.

⑤ 불안, 실망, 고독, 체념 속에서 피해의식을 키워 자기연민에 빠진다.

⑥ 자신감을 잃고 완벽주의에 빠지며 자존감이 낮아지고 집에 틀어박힌다.

———— [*] 西川 京子, 『依存症 家族を支えるQ&A』解放出版社 2018.

나는 전형적인 의존증 환자 가족이었다. 그때는 몰랐다. 나중에 전문 의료기관에서 운영하는 가족 교실과 책을 통해 배우면서, 나를 제어하는 것까지는 어려워도 객관적으로 볼 수는 있게 됐다.

2015년 5월 31일 자 『아사히신문』 1면에 실린 「그때그때의 말」이라는 글을 읽고 놀란 기억이 있다.

"한 사람이 다른 한 사람을 온전히 돌보는 일은 불가능합니다."

임상철학자 니시카와 마사루西川 勝 씨의 말이었다.

이미 4월부터 나는 간병 휴업 제도를 이용해 일을 쉬고 있었다. 나와 아내가 함께 쓰러지지 않으려면 어떻게든 전열을 재정비해야 한다고 생각했기 때문이다.

니시카와 씨가 쓴 글을 오려 벽에 붙이고 생각을 바꿨다. 짊어진 짐을 누군가와 조금이라도 나누자.

나도 아내도 간사이 출신이 아니었다. 주변에 지인이나 친척도 없었다. 그러니 도움을 받기 위해서는 공적 제도를 찾는 수밖에 없었다. 일단 병원에 가서 정신보건복지사와 상담했다.

정신장애인 복지 수첩, 장애인 종합 지원법, 간병 방문. 예전에는 해당 사항이 없다고 생각한 여러 제도를 아내도 이용할 수 있다는 사실을 알았다. 구청에 가 신청을 하고 전문 간병 회사를 정했다. 간병 회사 담당자와 의논 끝에, 정신과 주간 돌봄과 간병 방문 지원을 병행해 받기로 했다. 정신과 주간 돌봄에 가지 않는 요일에는 간병 방문을 받는다는 계획이었다.

그러나 뜻밖의 사태로 계획을 미룰 수밖에 없었다.

망상

6월 17일 이른 아침, 침실 미닫이문이 덜컹 흔들렸다. 진동에 눈을 떴다.

밖에서 아내가 뭘 하나. 잠이 덜 깬 목소리로 "뭐해?"라고 중얼거리며 문을 열었다.

숨이 멎는 것 같았다. 아내가 위를 본 채 쓰러져 있었고,

경직된 팔다리는 경련하고 있었다. 올 것이 왔다고 생각했다.

전날까지 이틀 동안 아내는 술을 마시지 않았다. 바람직한 일이었지만, 두려웠던 건 이탈 증상이었다. 이탈 증상이란, 알코올 의존 상태에 있는 사람의 몸에서 알코올이 빠져나갈 때 나타나는 신체적·정신적 현상으로 경련도 그중 하나다. 심하면 목숨이 위태롭다고 들었다.

즉시 119에 전화했다. 구급차로 병원에 이송돼 인공호흡기를 달고 치료를 계속했다. 꼬박 이틀이 지난 19일에 의식이 돌아와 아내는 멍한 상태로나마 대답할 수 있게 되었다.

예상치 못한 일은 21일 새벽에 일어났다. 간호사에게 전화를 받았다.

"아내분이 흥분해서 링거 주사를 빼려고 해요."

달려가니, 캄캄한 병동 중 유일하게 불 켜진 방에서 아내가 일방적으로 말하기 시작했다.

"여기 어디야? 나 왜 여기에 있어?"

"당신이 집에 있다가 경련을 일으켜서 이 병원에 와서 치료받는 거야."

"당신은 어디에 살아?"

"음… 당신이랑 계속 같이 살고 있지."

대화가 겉돌았다. 아무래도 내과에서는 조치가 어려울 것 같았다. 바로 구급차를 불러 담당 정신과 병원으로 전원했다.

처음에는 일시적인 섬망을 의심했지만, 며칠 후 아내의 이야기는 망상의 빛을 띠었다.

"나 저쪽 병동에 구속돼 있었는데 여기에 나와 있네! 어떡해! 큰일 날 죄를 지었어. 돌아가야 해."

어떤 질문을 해도 자신은 구속되어 있어야 한다는 말만 반복했다. 표정은 굳어 있었다. 다른 화제를 꺼내도 관심을 보이지 않았다. 이탈 증상을 치료할 때 일시적으로 손발이 구속됐었는데 그 영향일까.

시험 삼아 주소를 물으니 어린 시절 살던 곳을 댔다. 최근의 기억이 사라진 것 같았다. 눈앞에 있는 사람이 남편이라는 인식은 있었지만, 함께 살아온 일을 기억하지 못했다.

무슨 일이 벌어지고 있는 거지. 걱정되어서 매일 면회하러 갔지만, 면회실의 아내는 함께 살던 아내와는 다른 사람이었다. 끝없이 반복되는 구속 이야기와 험상궂은 표정. 과거의 기억은 돌아오지 않았고 전날의 일도 기억하지 못했다.

바로 얼마 전까지 아내의 음주에 괴로워했다는 사실도 잊은 채 나는 외로움에 휩싸였다.

7월에 접어들어 주치의에게 설명을 들었다. MRI 영상이나 뇌파를 봐서 뇌의 기질적 문제는 아니고, 해리성 장애인 것 같다고 의사는 봤다. "개인차는 있지만 원래대로 돌아가기까지 1~2년이 걸릴 수도 있습니다."라고 했다.

7월 중순, 일이 있어 이틀 연속 아내를 면회하지 못했다. 그러자 아내의 레퍼토리가 달라졌다.

아내가 준 편지를 인용한다.

"몇 년 전인지 정확히는 기억나지 않지만, 한 10년쯤 됐을까요? 저는 도요타카 군을 진심으로 사랑하지만, 제 잘못이겠지만, 미움받는 이유가 기억나지 않습니다. 하지만 제가 잘못했고, 저에게 책임이 있고, 제가 원인이 되어 미움을 받아 이혼당하고 말았습니다. 제가 100퍼센트 잘못했고, 제게 100퍼센트 원인이 있다는 것은 기억하고 있습니다."

내가 병원을 방문할 때마다 아내는 깜짝 놀란 표정을 지었다. "이혼했는데, 왜?"라고 물었다. 이혼한 이유는 잊었지만 자신이 100퍼센트 잘못했다는 사실을 강조했다. 그렇게 말하며 아내는 내게 보낼 편지를 쓰고 있었다. 구속이라는 말만 반복할 때와 마찬가지로, 다른 화제는 아무것도 입에 올리지 않았다.

임상심리사는 내가 이틀 연속 면회를 가지 못한 일이 영향을 준 것 같다고 했다. 남편이 올 것이라는 기대가 엇나가 겪은 괴로움을 피하기 위해 이혼이라는 상황을 무의식적으로 꾸며낸 것이라고 했다. 최악의 상황을 미리 상정해두면 더 나쁜 일은 일어나지 않는다는 생각이었다.

그해 여름, 병동 밖에서는 전후 일본이 전환점을 맞고 있었다. 집단적 자위권 행사를 포함한 안전 보장 관련 법안이 국회에서 심의되었고, 그에 학생 단체들이 전국에서 항의 시위를 벌였다.

오사카 우메다의 거리시위 현장을 찾았다. 도로를 가득 메운 사람들이 외치는 구호 속에서 떠오른 사람은 아내였다.

결혼 후 정치와 사회에 관해 아내와 자주 이야기를 나눴다. 선거 때가 되면 늘 함께 투표하러 갔다. 내 원고를 읽고 "이 부분은 이해가 잘 안되네."라며 정확하게 지적하기도 했다. 그런 아내가 망상에 사로잡혀 폐쇄병동 바깥 사회에 관심을 잃어가고 있었다.

시위 열기는 아내의 세계와 너무 멀었다. 아내가 다시 건강해지면 지금 이 나라에서 일어나는 일에 관해 둘이서 이야기하고 싶다고 생각했다.

다음증

가을이 되자 아내는 조금씩 기억을 되찾기 시작했다. 망상이 줄면서 표정에 여유가 생겼다.

2016년 설은 오랜만에 집에서 보냈다. 이대로라면 순조롭게 퇴원할 수 있을 것 같았다. 그러던 참에 봄이 되면서 새로운 문제가 떠올랐다.

다음증多飮症*이라는 현상이었다.

다음증이란, 물을 너무 많이 마셔서 혈중 나트륨 농도가 저하되는 데 따른 여러 증상을 말한다. 심하면 뇌부종이나 의식장애, 경련을 일으켜 목숨을 잃기도 한다.

　이를 어떻게 막을지를 두고 각지의 정신과 병원에서 골머리를 앓고 있었다. 조현병 같은 정신질환 환자는 물을 많이 마시려는 경향이 있어 다음증에 빠지기 쉽기 때문이다. 알코올이나 불법 약물과 달리 물은 완전히 끊을 수도 없고, 환자가 적정량을 준수하게 하기도 쉽지 않다.

　아내가 다음증이 될 때까지 나는 이 현상의 심각성을 몰랐다.

　시작은 4월이었다. 아내가 병동에서 의식을 잃고 쓰러지는 일이 계속되어 혈액 검사를 한 결과, 나트륨 수치가 낮은 것으로 판명됐다. 본인은 부정했지만 상당한 양의 물을 마시고 있는 것이 틀림없었다.

---

　* 과도한 갈증을 느껴 물을 계속 마시게 되는 증상이다. 신장이 처리하기 어려울 만큼 수분 섭취가 많아지면서 혈중 나트륨 농도가 떨어져 두통과 구토를 겪을 수 있으며, 심각할 경우 발작이나 심정지를 일으킬 수도 있다. 흔히 물 중독이나 수분 중독이라고 부르기도 하지만, 이 책에서는 다음증으로 옮겼다.

주치의는 하루에 2.5킬로그램 이상 체중이 증가하면 물을 많이 마셨을 가능성이 높다고 보고 보호실에 격리하기로 방침을 정했다. 물을 많이 마셔 의식을 잃거나 경련을 일으키는 일을 막는 것과 동시에, 자신의 내면을 돌아보게 하려는 목적이었다. 그러나 아내는 보호실에서 나오자마자 수돗물을 마시고 다시 격리되는 패턴을 몇 번이나 반복했다.

위험한 상태를 경험한 적도 있었다. 6월 13일 밤, 당직 의사로부터 "환자가 몇 시간째 의식이 없는 상태로 경련을 반복하고 있다."라는 전화가 걸려 왔다. 정신과에서 대응할 수 있는 수준을 넘어섰다고 했다. 내가 달려가 수속을 밟은 끝에 하룻밤 동안만 일반 병원으로 전원할 수 있게 되어 목숨을 건졌다.

아내는 물을 많이 마셨다는 사실을 거의 인정하지 않았지만, "어릴 때 어른들이 내게 술을 먹였던 기억이 떠올라서 나도 모르게 물을 마셨다."라고 말하기도 했다.

폐쇄병동 생활이 1년을 넘어가자 아내는 빨리 퇴원하고 싶다고 호소했다.

다른 환자의 음식을 훔쳐 먹는 등 다음증 외에도 문제 행동이 두드러졌다. 주치의는 장기 입원 스트레스가 영향을 미쳤을 가능성이 있다고 했다. 이대로 입원 생활이 길어지면 목표 상실, 자포자기, 무기력, 세상에 대한 관심 저하로 이어질 수 있다고 지적했다.

한편으로 다음증은 생명과 직결된 문제였다. 물을 과음하면 안전을 위해 일정 기간 격리해야 하기 때문에 입원 기간이 연장되는 것은 불가피했다. 어떻게 하면 상태를 안정시키고, 조기 퇴원할 수 있을까. 주치의는 환자의 의지를 끌어내기 위한 궁리 끝에, 물 마시기를 자제하는 기간이 길어지면 행동의 자유도를 높여주기로 했다.

그러나 가을이 되고 겨울이 지나도 물 마시기→격리→해제→물 마시기의 악순환은 끝이 보이지 않았다.

아내는 격리를 징벌로 받아들였다. 격리될 때마다 만화책이나 휴대용 음악 플레이어를 빼앗겼고 아무것도 없는 방에서 스트레스와 불안감에 휩싸였다. 아내도 자신이 왜 물을 많이 마시는지 몰라 괴로운 것 같았다.

"나 평생 폐쇄병동에 있는 거야?"

아내가 슬픈 목소리로 전화했다. 나는 불안을 누르고 힘주어 말했다.

"절대 그런 일은 없을 거야."

2차 소견

2017년 2월, 꼭 만나고 싶었던 사람을 만났다. 오카야마 근무 시절에 나를 응원해준 M 의사였다.

아내는 여전히 다음증을 반복해 퇴원할 기미가 보이지 않는 상태였다. M 의사라면 어떻게 볼까. 이야기를 듣고 싶은 마음이 간절했다.

오카야마를 떠난 지 12년. 전화로 상담한 적은 있었지만 직접 진료를 받을 기회는 없었다. 지금까지의 복잡한 경과와 증상을 전화로 설명하기는 어려울 것 같았다. 주치의에게 2차 소견을 받고 싶다고 용기 내 말하니 흔쾌히 소개장을 써주었다.

신오사카에서 신칸센과 재래선*을 갈아타고, 오카야마현

내 의료기관을 방문했다. M 의사는 1시간 이상 들여 분석 결과를 말해주었다.

"오랜만입니다. 지금 상태를 어떻게 보세요?"

"상담 기록을 읽고 압도당했습니다. 성 피해를 포함해 어린 시절의 체험은 예상했지만 이렇게 심할 줄은 몰랐습니다. 놀라운 건 본인이 이 정도까지 이야기했다는 사실입니다. 상처를 덮어주고 들추지 말고 치유되기를 기다리자고 전에 말씀드렸던 것 같습니다. 그런데 상담으로 상처를 열었어요. 여는 것은 좋았지만 당연히 아프니까 일시적으로는 상태가 나빠진 거죠. 그래서 불안정해지고 힘들어진 것이 지금 상태가 아닌가 싶습니다."

"다음증이 반복돼서 힘듭니다."

"퇴원이 가까워지면 물을 많이 마시는 것은 불안감의 표현일 겁니다. 표면적으로는 퇴원을 원하지만 본인도 의식하지 못하는 선에서 '또 잘못되면 어쩌나.' 하는 불안이 있

―――― * 일본 열차 중 신칸센이 아닌 모든 노선을 말한다.

지 않을까요? 하지만 큰 흐름으로는 치료가 많이 진행됐다는 사실을 잊지 않으면 좋겠습니다. 저는 이 임상심리사가 대단하다고 생각합니다. 이 정도의 기억이 한꺼번에 쏟아져 나왔으니 힘들었겠지만, 언젠가는 자해 행위를 하지 않게 되는 수준에 도달할 수 있을 겁니다. 퇴원이 지연되어 괴로우신 것 같습니다만, 이렇게 가혹한 과거가 있었다면 쉽게 건강해질 수 없는 것은 당연합니다. 더 긴 호흡으로 보는 게 좋아요."

"앞으로 어떻게 해야 할까요?"

"저라면 어느 단계에서 갑자기 퇴원시키는 일도 생각해볼 것 같습니다. '주치의가 마음대로 퇴원시켜서 상태가 나빠졌다'며 책임을 전가할 대상을 환자에게 마련해주는 게 오히려 효과가 있는 경우도 있습니다. 물론 지금이 그 타이밍은 아니고, 그렇게 한다 해도 이번이 마지막 입원이라고 생각하지는 않는 편이 좋지만요. 가장 중요한 것은 아내분이 마음을 편히 갖고 자신감을 되찾는 것입니다. 장기 입원은 오히려 그걸 망칠 우려가 있습니다. 같은 일을 해도 집에서 하는 것과 병원에서 하는 것은 전혀 의미가 다르지요. 입원해서 획득한 자신감보다 집에서 남편을 기다리면서 획득한 자신감이 훨씬 큽니다. 현실 생활이 잘 풀리면 불안은 사라집니다."

"저도 불안합니다."

"남편분도 (적응장애 등으로) 힘드셨군요. 주변에서 남편분을 어떻게 지원하는지는 환자가 회복을 목표로 하는 과정에서 매우 중요합니다. 지원 시스템을 병원에서 찾는 것은 어떨까요? 남편분도 상담을 계속 받는다든가, 다른 의사에게 진찰을 받는다든가 해서요. 한 가지 부탁드리고 싶은 것은, 앞으로 아내분의 치료가 잘 안 됐을 때 내 탓이라고 생각하지 않으시면 좋겠습니다. 치료가 잘 안 된다는 건 그만큼 어린 시절의 상처가 깊다는 뜻입니다. 남편분은 자신에 대해서 아무것도 탓할 필요가 없습니다."

환자 가족은 환자와 가까운 만큼 병의 경과에 일희일비하고 눈앞의 일에 얽매이기 쉽다. M 의사는 아내와 만난 적은 없지만, 내 이야기를 듣고 긴 안목으로 아내의 상태를 생각해주었다. 그렇게 할 때에 보이는 것들이 있을 것이다.

큰 흐름으로는 치료가 진행되고 있다. 그 말에 우리 부부의 현재 위치를 확인할 수 있었다.

그리고 두 달 뒤인 4월 16일, 아내는 퇴원했다. 1년 10개월 만에 재택생활이 시작됐다.

다시, 술

알코올 의존증 치료는 술을 완전히 끊겠다는 단주 의지가 기본이다. 최근에는 경증 환자를 대상으로 주량을 조절하는 절주節酒를 목표 삼는 경우도 있다지만, 단주보다 험난한 길인 것 같다. 주량을 조절하는 뇌의 기능이 망가져 생기는 병이 알코올 의존증이기 때문이다.

이 사실을 깨달은 것은 퇴원 후 얼마 지나지 않아 아내가 다시 술을 마시기 시작한 어느 날이었다.

처음에는 간을 쉬게 하는 휴간일休肝日을 만들어 절주를 시도했다. 그러다 마시지 않는 날이 점점 사라지면서 주량이 늘었고, 1년이 지나자 술에 취해 지내는 날이 많아졌다.

약 9년간 아내를 봐온 정신과 병원 주치의는 "같은 정신과 증상이어도 알코올 의존증은 높은 전문성을 요한다."라며 전문 치료를 권했다.

2018년 9월, 의존증 전문 의료기관으로 병원을 바꿨다. 4년 전에 다녔던 전문병원과는 다른 곳이었지만 의사의 진료, 원내 치료 프로그램, 원외 자조 모임 참여가 주요 골자라는 점은 다르지 않았다.

아내는 의사에게 좀처럼 마음을 열지 않았다.

"지금은 얼마나 드세요?"

"기억이 안 나요."

"최근에는 언제 드셨어요?"

"기억나지 않아요."

"주량을 노트에 적어보시면 어떨까요?"

"…"

치료 프로그램에도, 자조 모임에도 가끔 참석할 뿐이었다. 늘 취해 있어서 참석하고 싶어도 하지 못했다.

그러나 아내가 '마신다'와 '마시지 않는다' 사이에서 애쓰고 있다는 것은 알 수 있었다. 집에 온 가사도우미에게 술을 끊고 싶다며 눈물을 흘렸고, 12월에는 앞으로 평생 술을 끊겠다며 전문병동에 입원을 자처했다. 그러나 역시 하룻밤만에 퇴원하고 말았다. 세 번째였다.

그럴수록 아내가 진심을 털어놓을 수 있는 자리가 있었으면 했다. 그러나 상담은 이미 전해 7월, 임상심리사 측의 사정으로 종료됐다. 그 역할을 대신할 자조 모임도 아내에게는 장벽이 높은 것 같았다.

상처가 나 구급차를 타고 병원에 실려 가고, 대소변 실수를 하고, 한밤중에 고함을 치고, 취한 상태로 거리에 쓰러졌다. 몇 년 전과 다름없는 날들의 반복이었다.

2019년 6월에 위험한 행동이 시작됐다.

늦은 밤, 아내가 베란다로 나가 난간에 발을 걸치고 뛰어내리려 했다.

"내가 죽어서 당신을 편하게 해줄게."

우리 집은 아파트 7층이었다. 있는 힘을 다해 떼어냈지만, 한눈을 팔면 다시 베란다로 나갔다. 그러기를 수차례. 정신을 차리니 새벽이었다.

내가 눈치챌 수 있을 때만 뛰어내리려는 게 분명했고 연기하는 느낌도 있었다. 그렇다고 안심할 수는 없었다. 알코올은 충동성을 높여 맨정신에는 넘지 않을 선도 넘게 한다. 의사는 "꼭 말리셔야 합니다. 주저 말고 경찰도 부르시고요."라고 조언했다.

7월 14일, 베란다에서 아내의 몸을 누른 채 한 손으로 경찰에 신고했다. 아내는 경찰관 두 명에게 양팔을 잡힌 채 경찰서에 끌려가 다음 날 아침까지 보호받았다. 의료보호입원을 시키라는 제안도 있었지만, 후보지인 정신과 병원이 너무 멀어 거절했다.

알코올 의존증에 관해서는 당사자 가족을 위한 책이 여러 권 출판되었고, 의료기관에서도 가족 교실을 마련하고 있다. 그만큼 가족의 역할이 중요한 병이다.

나 역시 기도하는 심정으로 알코올 의존증을 앓는 아내에게 무엇을 해줘야 할지 필사적으로 공부했다. 그러나 기대만큼 성공하지는 못했다.

이를테면, 모든 책에 반드시 나오는 말이 인에이블링을

그만두라는 것이었다. 아내가 술에 취해 바닥에 누워 있어도, 설거짓거리가 쌓여 있어도, 빨래가 밀려 있어도 그 상태를 방치해 음주의 결과를 당사자가 알게 해야 했다. 그것이 교과서대로 하는 것이었다. 그래서 치우고 싶은 마음을 참고 내버려두었다.

그러나 다음 날 아침, 아내는 바닥에서 일어나 담담하게 설거지와 빨래를 하더니 다시 술을 마시기 시작했다. 한 달이 지나도 1년이 지나도 변화는 보이지 않았다. 약물요법과 달리 인에이블링을 그만두고 효과가 나타나려면 시간이 걸렸다. 기다리는 사이에 소용없겠다는 생각이 들었다.

"나"를 주어로 이야기하라는 것도 여러 책에서 말하는 포인트였다.

"(당신은) 언제까지 마실 거야?"는 묻는 사람이 빠진 "당신"을 주어로 한 문장이다. 그렇게 말하면 상대를 위에서 내려다보는 말투가 되기 쉽다.

반면 "나"를 주어로 말하면 내 감정과 마음을 전달할 수 있다.

"과음해서 몸을 망칠까 봐 나는 걱정이 돼."라고 말하는 편이 상대방도 받아들이기 쉽다.

그렇게 노력하다 보니 아내에게 마음이 전해지고 있다는 걸 실감할 때도 있었다. 하지만 지속되지는 못했다. 정신을 차리고 보면 감정을 억누르지 못하고 "적당히 해!"라며 소리치고 있었다.

자조 모임은 환자가 맨정신일 때 권하는 것이 철칙이다. 그러나 온종일 술을 마시는 아내에게 맨정신일 때란 없었다.

많은 책에서 가족이 바뀐 결과 환자가 바뀌었다는 이상적인 사례를 소개한다. 그러기를 바랐지만 '아는 것'과 '가능한 것'은 별개라는 사실도 깨달았다.

환자 가족이 냉정함을 유지하기는 쉽지 않다. 전문 간병인과 달리 퇴근도 없이 24시간 간병해야 하기 때문이다. 자다가도 일어나야 했고 운전하다가도 조수석에서 날아오는 폭언을 들어야 했다.

그럼에도 가족으로서 해야 할 일, 하지 말아야 할 일에 관해 배운 것은 아내를 뒷받침할 때 기초체력이 됐다. 그것을 몰랐다면 어둠 속에서 무기도 없이 괴물과 싸우다 쓰러졌을 것이다. 말해두지만, 괴물이란 환자가 아니라 병이다.

배운 것을 실천할 수 있는가를 떠나서, 가족 교실이나 가족 자조 모임에 다니는 일 자체가 힘이 됐다. 동료들 사이에서 기운을 되찾을 수 있었다.

내가 쓰러지지 않고 버틸 수 있었던 건 우리 집이 더는 밀실이 아니게 된 덕도 컸다. 2015년 4월부터 7월까지의 간병 휴직과 뒤이은 아내의 장기 입원 기간에 다양한 공적 지원을 알아봤다. 그 덕분에 내가 일하러 간 사이 가사도우미나 방문 간호사 등 누군가가 반드시 집으로 와주었다. 모든 일을 혼자 떠안지 않아도 돼서 다행이었다.

전환점

2018년 9월부터 『아사히신문』 독자 투고란 '목소리'의 편집팀에서 일하게 됐다. 오사카 본사에만 연간 2만 통이 넘는 투고가 도착하는데, 그걸 훑어보고 선정해 지면을 편집하는 일이었다.

쉬는 시간이 없을 만큼 바빴지만 아내가 어떻게 지내는지 걱정돼 일이 손에 잡히지 않는 날도 있었다.

2019년 5월 15일에도 그랬다. 오후에 가사도우미에게 전화가 왔다. 인터폰을 눌러도 응답이 없다고 했다. 아내가 만취해 문을 열지 못하고 있는 것 같아, 스페어키로 문을 열고 들어가게 했다.

잠시 뒤 메시지가 도착했다.

"아내분이 방 안에서 토하고 쓰러져 있어요."

한숨이 나왔다. 눈앞에 있는 투고 글이 눈에 들어오지 않았다. 일을 일찍 마무리하고 퇴근했다.

아내는 침대에 곤히 잠들어 있었다. 가사도우미 두 분이 많은 양의 구토물을 치운 뒤 아내를 침대로 옮긴 것이었다.

나흘 전부터 심한 취기가 계속되고 있었다. 항주제抗酒劑라는 약 때문이었다.

항주제란 체내에서 알코올 분해 효소가 일하는 것을 방해하는 역할을 한다. 이 약을 복용하고 술을 마시면 두근거림, 두통, 답답함 등 심각하게 취했을 때와 같은 상태가 되기 때문에 음주에 제동을 걸 수 있다.

그동안 치료 프로그램, 자조 모임, 전문병동 입원 등 알코올 의존증 치료의 정석으로 여겨지는 치료법이 모두 통하지 않았던 아내에게 이 약은 비장의 카드였다. 아내는 의사의 설명을 이해한 뒤 아침에 일어나면 가장 먼저 항주제를 복용했다. 나도 드디어 아내가 술을 끊을 수 있을 것이라고 기대했다.

그러나 기대는 무참히 깨졌다. 아내는 평소처럼 술을 마셨다. 당연히 두통과 어지럼증이 생겼고 심하게 구토했다. 의사는 "항주제와 알코올을 함께 먹는 것은 위험하다"며 복용 중단을 선고했다.

더는 쓸 방법이 없었다.

한편으로 의문이 들었다. 그렇게 괴로워하면서 대체 왜 마시는 걸까.

아내에게 이유를 물어도 모른다고 답할 뿐이었다. 알코올 의존증 환자가 항주제를 먹기 싫어한다는 이야기는 들어봤어도, 아내처럼 항주제를 복용하면서 술을 마신다는 이야기는 듣지 못했다.

아내의 건망증이 심해지는 것도 걱정이었다.

방금 본 드라마 내용을 기억하지 못했다. 이미 있는 된장과 마요네즈를 또 사는 일이 여러 번 있었다. 근처 치과에 가려다 길을 잃었다. 오늘이 며칠인지 무슨 요일인지도 알지 못했다.

의존증에 관한 책을 살펴보니, 알코올성 인지저하증이라는 질환이 있다고 했다. 어쩌면 아내는 이런 유형의 인지저하증에 걸려 항주제를 복용한 사실을 잊고 술을 마신 걸까.

그러나 그저 만취한 상태에서도 건망증은 생겼다. 설마 46세에 인지저하증이라니. 그 가능성에 대해서는 의사도 부정적이었다.

그해 아내의 합병증은 한층 심각해졌다.

4월, 내과에 입원해 간경변 진단을 받았다.

"술을 끊지 않으면, 다량의 피를 토하거나 간암으로 목숨을 잃을 수도 있습니다."

내과 의사는 엄한 말투로 타일렀다.

6월에는 대퇴골 상부(골두)가 괴사하는 '대퇴골두 괴사증'을 진단받았다. 일본 정부가 지정한 난치병이었다. 지난해 말부터 왼발 관절에 극심한 통증을 호소하며 점차 걷기 힘들어하더니 그 병 때문이었다. 이번에도 원인은 음주였다. 일본의 여성 가수 미소라 히바리가 말년에 앓았다고 알려진 병이다.

그 밖에도 토혈, 설사, 복통뿐 아니라 취해서 휘청거리다 화상을 입는 등 위험에 일상적으로 노출됐다.

단주를 한시도 미룰 수 없었다. 그러나 아내는 계속 마셨다. 나는 초조하기만 했다.

이런 생활에서 어서 해방되고 싶었다. 수면 부족이 계속돼 몸이 무겁고 머리도 멍했다.

'이대로 간경변이 악화되어 죽어주지 않을까…' 하고 생각할 때도 있었다.

변화의 계기는 뜻하지 않게 찾아왔다.

7월 19일 새벽, 아내가 비명을 질렀다. 침대 옆 장지문을 차며 큰 소리를 냈다. 드문 일이 아니었지만 그날은 유독 오래갔다.

한계였다. 어떻게든 입원시킬 수 없을까. 오전 4시, 지자체가 운영하는 야간·휴일 상담실에 전화를 걸었다. 응급 정신과 환자에 대응하는 곳이었다. 원래 술 취한 환자는 정신 질환 여부를 판별할 수 없어 진료를 받아주지 않는데, 이때 는 반나절 이상 마시지 않은 덕에 약 30킬로미터 떨어진 정신과 응급병원을 배정받을 수 있었다.

구급차를 불러 외진 곳에 있는 병원으로 이송했다. 당직 의가 진찰한 뒤 의료보호입원을 결정했다. 손발이 묶인 채 잠든 아내를 남겨두고 병원을 나서니 동쪽 하늘이 밝아오고 있었다.

나흘 뒤 응급조치가 끝나 다른 정신과 병원으로 전원했 다. 다시 진찰받았다. 의사는 알코올성 인지저하증을 의심 했다.

"만약 인지저하증이라면 보통의 의존증 치료 프로그램처 럼 무언가를 배우는 치료는 어려울 겁니다. 치료의 전제를 바꿔야 합니다."

인지저하증 여부를 판별하려면 최소 2개월은 입원해 알 코올을 몸에서 완전히 빼내야 한다고 했다. 이를 위한 의료 보호입원이 결정됐다.

한 달 뒤, 주치의와 상담했다. 뇌가 위축된 정도를 보여주는 CT 영상과 여러 검사 결과를 설명하며 의사는 이렇게 말했다.

"인지저하증이라고 봐도 되겠습니다."

5장

보이기 시작한 것

새로운 생활

아내의 하루는 「천성인어天声人語」*로 시작된다.

오전 5시, 아내가 일어나 현관을 나선다. 우편함에서 『아사히신문』 조간을 꺼내와 1면 칼럼을 오려낸다. 「천성인어」 필사 노트에 붙인 뒤 묵묵히 볼펜으로 필사한다.

아내는 옛날부터 이 칼럼의 팬이었다. 전에도 필사에 도전한 적이 있었지만 술 문제로 지속하지 못했다. 그러다 2019년 7월에 응급입원한 일을 계기로 술을 끊었고, 이제는

———— * 『아사히신문』 조간에 실리는 1면 칼럼이다. 사설과는 다른 각도에서 최신 화제를 분석한 것이 특징이며, 정돈된 일본어를 사용하는 것으로 유명해 언어 학습용으로 스크랩하거나 필사하는 사람이 많다.

칼럼 필사가 아침 습관으로 자리 잡았다. 알코올성 인지저하증 탓에 내용이 머리에 잘 들어오지 않는 모양이었지만, "하루도 쉬지 않고 쓰는 내가 좋아."라며 기뻐했다.

오전 7시, 나도 일어난다. 필사를 마친 아내와 둘이 아침을 먹는다. 아내의 단골 메뉴는 편의점에서 산 토르티야다.

오전 9시가 넘으면 아내를 데리러 차가 온다. 아내가 차를 타고 심신장애인이 가죽 세공을 하는 작업실로 출발한다. 아내를 배웅한 뒤 나도 일하러 나간다.

오후 2시가 넘으면 아침에 탔던 그 차를 타고 아내가 집에 온다. 잠시 뒤 가사도우미가 와서 집안일을 도와준다. 저녁에는 주 3회, 정신과 전문 방문 간호사도 온다. 간호사와 이야기꽃을 피우는 아내의 웃음소리가 울린다.

오후 7시쯤 내가 퇴근한다. 아침에 내가 만들어둔 저녁을 아내와 함께 먹는다. 부엌 정리와 빨래는 아내가 한다.

오후 10시 반, 자기 전 약을 먹고 필사 노트와 볼펜을 책상 위에 준비한다. "내일 천성인어는 어떤 이야기일까." 침대에 들자마자 자는 숨소리가 들리기 시작한다.

이 외에도 일주일에 한 번, 단골 정신과 병원에 간다. 매주 일요일에는 자원봉사자가 기독교인인 아내를 교회에 데려다준다.

최근 2년여 동안 아내의 생활 리듬은 변하지 않았다.

달라진 점은 코로나19 감염이 확산되어 비상사태가 선포될 때마다 가죽 세공 작업실이 일시적으로 운영을 중단하거나 내 재택근무가 길어진다는 점이다. 내가 감염되면 아내의 생활이 어떻게 될지 지금도 불안하다. 그러나 인지저하증에 걸린 아내는 코로나19로 인한 사회의 격변도 잘 이해하지 못한다.

전환점이 됐던 2019년 7월의 응급입원은 약 4개월간 이어져 아내는 11월 27일에 퇴원했다. 40대에 인지저하증이라는 새로운 핸디캡을 얻었지만, 아내도 나도 시설이 아닌 재택생활을 희망했다.

그렇게 하기를 잘했다고 지금도 생각한다.

아내의 표정이 밝아졌다. 눈에 빛이 돌고 피부색도 돌아왔다. 컨디션이 좋아지자 감정을 폭발시켜 위험한 행위를 하는 일도 사라졌다.

술을 끊은 효과는 컸다. 인지저하증으로 금전 관리가 어려워지면서 돈을 갖고 다니지 못하게 된 것도 이유였지만 아내 스스로 마음을 굳게 먹은 영향이 컸다.

"지금도 마시고 싶을 때가 있어. 하지만 이제 끊었어."

혼자 있는 시간도 곧잘 즐긴다. 동영상과 만화책이 도움이 된다.

동영상 사이트 유튜브에는 먹방이라는 장르가 있다. 아내가 좋아하는 유튜버는 러시안 사토와 하라페코 트윈스*다. 산더미처럼 쌓인 햄버거나 카레를 줄기차게 먹는 모습을 태블릿PC로 보면서 "아무리 봐도 질리지 않아."라고 했다.

1980년대 말부터 90년대 초에 활동한 여성 아이돌 그룹 코코CoCo에도 열중했다. 유튜브에서 라이브 영상을 재생해 신나게 따라 불렀다. 예전부터 좋아했던 것 같은데 왜 하필 지금 이렇게 푹 빠졌는지 신기하다. 무척 즐거워 보였다.

만화책도 미식 장르만 좋아했다. 줄거리를 기억하지 못해서인지 같은 작품을 여러 번 반복해서 읽었다.

———— * 각각 수준급 요리 실력을 선보이는 여성 유튜버와 일란성 쌍둥이 자매 유튜버다.

예전에 좋아했던 오페라와 클래식 음악에는 완전히 흥미를 잃은 것 같다. TV도 거의 보지 않았다. 뉴스든 영화든 음악이든 새로운 것에 흥미를 느끼는 일이 사라졌다.

병세에 관해 말하자면 섭식장애 증상이 남아 있다. 지금도 며칠에 한 번은 구토를 한다.

그러나 가장 심했던 때와 비교하면 과식 시간도 양도 크게 줄었다. 진료나 통원에 지장이 가지 않도록 스스로 증상을 조절할 수 있게 됐다. 주치의도 당분간은 지켜보자고 했다. 술을 끊었는데 과식과 구토까지 한꺼번에 없애면 도망칠 곳이 사라져 괴로울지도 모른다.

인지저하증은 현재 경미한 상태로 진행 중이다. 증상 때문에 할 수 없게 된 일이 많지만, 할 수 있는 일도 꽤 남아 있다.

할 수 없게 된 일.

옛날 일은 기억하지만 최근 일은 기억하지 못한다. 날짜나 요일, 그날 해야 하는 일은 몇 번을 들어도 잊는다.

그릇이나 소품을 자주 잃어버리고 같은 질문을 여러 번

5장 보이기 시작한 것

하는 등 곤란한 일을 말하자면 끝이 없다.

기억력뿐 아니라 일을 순서대로 진행하는 능력도 떨어졌다. 이를테면 냉장고에 재료가 있으면 분량이나 맛에 상관없이 전부 된장국에 넣어 끓였다. 양배추 한 통을 냄비에 통째로 넣어 잎 사이사이로 국물이 스며들게 하는 알 수 없는 요리를 만들기도 했다.

그러다 보니 자연스럽게 요리하지 않게 되었다. 아내가 잘 만들었던 화이트 스튜도 미트로프도 이제는 먹을 수 없다. 그 대신 내가 요리하는 재미가 늘었다.

아내가 할 수 있는 일.

간단한 대화, 옷 갈아입기, 목욕, 화장실 가기, 설거지, 빨래 등. 가사도우미나 간호사가 찾아올 때 슬리퍼를 챙기는 배려도 잊지 않는다.

좋은 점도 있다. 싫은 일을 금방 잊는다. "작업실 재미없어. 이제 다시는 안 가."라며 화를 내다가도 몇 시간이 지나면 "내일 작업실 가는 날이네."라고 말했다. 울음이 그치자마자 웃는 어린아이 같았다.

나는 미리 소통하는 일에 특히 신경을 쓰고 있다. 아침에는 반드시 날짜와 요일, 그날 일정을 적은 메모를 테이블 위에 놓아둔다. 소중한 물건에는 "버리지 말기", "남편이 먹을 음식"이라고 적은 쪽지를 붙여놓는다. 이런 방식은 알코올 의존증 환자를 대하는 기본인 "인에이블링을 하지 않기"와는 대조되는 것이다.

아내가 술을 많이 마시던 시절에는 문제 행동을 일으키는 이유가 아파서라는 사실을 알면서도 분노를 참지 못했다. 지금은 작은 문제가 생겨도 인지저하증 때문이라고 생각하면 화가 나지 않는다.

그러나 내게도 트라우마가 남아 있는 것 같다. 퇴근 후 아내가 전화를 받지 않으면 '집에서 쓰러져 있는 건 아니겠지?' 하는 생각에 불안해진다. 대개는 전화 소리를 듣지 못해서라는 사실을 알면서도.

사회의 장벽

또 하나 삶의 큰 변화가 있었다. 2019년에서 2020년 사이에 양발 대퇴골두괴사증이 악화되어 아내가 휠체어 생활을 시작한 것이다.

처음으로 당황한 기억은 아내와 함께 외출했을 때였다.

미로처럼 펼쳐진 우메다의 지하상가. 휠체어를 밀며 백화점으로 향하다 몇 미터 높이나 되는 계단을 마주하고 꼼짝도 할 수 없었다. 경사로도 엘리베이터도 없어 어쩔 수 없이 돌아왔다. 예전에는 아무 생각 없이 올랐던 계단 몇 개가 거대한 벽처럼 느껴졌다.

대형 서점에 들어서니 평평하게 쌓인 책들이 튀어나와 있어서 휠체어가 들어갈 수 없었다. 커피숍 입구에는 경사로가 있었지만 테이블 간 간격이 좁아 지나가지 못하기도 했다.

기차를 타려면 개찰구에서 엘리베이터를 타고 플랫폼으로 이동해야 했는데 어떤 역은 개찰구에 엘리베이터가 없어 다른 개찰구로 다시 들어가야 할 때도 있었다.

과거와 비교하면 배리어 프리*가 꽤 진행되고 있고, 휠체어를 탄 아내에게 길을 비켜주는 친절한 사람들도 있다. 그럼에도 거리로 나설수록 벽에 부딪혔다. 배리어 프리에 관해 기사를 쓰기도 했지만, 현실을 이해하는 일은 도무지 쉽지 않았다.

아내는 2020년 12월과 2021년 5월, 각각 왼쪽과 오른쪽 고관절을 인공관절로 바꾸는 수술에 성공했다. 재활치료를 거쳐 다시 스스로 걸을 수 있게 됐다.

2년 남짓으로 끝난 휠체어 생활은 사회에 존재하는 장벽을 깨닫게 해주는 소중한 경험이었다.

이 경험을 계기로 생각했다. 신체장애인에게 장벽이 층계의 단차 같은 것이라면 정신장애인에게 장벽은 무엇일까?

그것은 사회의 편견이고 차별이라고 나는 생각한다. 단차와 달리 눈에 보이지 않지만 견고하다.

정신장애인의 가족으로 살다 보면 싫어도 직면하게 되는 일이 있다.

주변 사람에게 아내의 병에 대해 털어놓으면 "더 엄하게 대하지 않아서 그렇다"며 엉뚱한 설교를 듣는다. "폐쇄병동에 가두면 되지 않느냐."라고 아무렇지 않게 말하는 사람도

———— * 장애인이나 노인 등 사회적 약자가 불편 없이 살아갈 수 있도록 물리적·심리적 장벽을 제거하자는 운동과 정책을 말한다.

있다. 신체질환이나 부상으로 병원에 가면 노골적으로 싫은 내색을 마주해야 한다. 치료를 거부당한 적도 있다.

이런 일을 당하는 것은 나와 아내만이 아니었다. 정신장애인 자립시설이나 의존증 재활시설 건립 계획을 두고 "안전에 위협이 된다"며 반대하는 주민운동이 곳곳에서 벌어진다. 차별은 다른 것이 아니다. 어떤 속성을 가진 사람을 배제해 위험으로 내모는 것이 차별이다. 2020년, 효고현에 있는 정신과 병원에서는 간호사들이 환자에게 성관계를 강요한 혐의 등으로 체포됐는데, 이런 사건은 정신과가 아닌 다른 곳에서는 있을 수 없는 일이다.

한 가족 모임에서 조현병 아이를 둔 어머니가 한 말을 잊을 수 없다.

"부엌에서 칼을 들고 있으면 우리 아이가 가엾어서 나도 모르게 찌를 것 같아요."

다른 가족들도 고개를 끄덕였다.

무엇이 그들을 이렇게까지 내몰까. 환자를 돌보는 고생 때문만은 아니다. 사회의 몰이해가 당사자와 가족에게서 희망을 앗아간다.

일본의 정신 의료 역사를 살펴보면 편견과 차별의 확산에 국가 정책이 영향을 미쳤음을 알 수 있다.

일본 최초의 정신장애인 보호에 관한 법률은 1900년에 시행된 정신병자 감호법이다. 이 법안은 정신장애인을 자택에 격리하는 행위를 '사택감치私宅監置'라 부르며 인정했다. 정신장애인을 설 수도 없는 좁은 공간에 알몸으로 가두는 등 열악한 환경에 방치한 경우도 있었다고 한다. 정신과 병원이 부족했기 때문이라고는 해도, 일본의 정신 의료가 자시키로座敷牢*의 합법화에서 출발했다는 사실을 부정할 수 없다.

1950년, 정신건강법이 제정되면서 사택감치가 폐지되는 한편, 조치입원** 등 강제 입원제도가 명문화됐다. 이로써 상황이 급변해 정신과 병원이 잇따라 생기면서 병상수는

———— * 사적인 이유로 사람을 감금하기 위해 만든 시설을 말한다. 에도 시대부터 존재했던 것으로 전해지며 가문의 명예를 더럽힌 자, 사생아, 품행 불량자와 더불어 정신적·신체적 장애인을 사회와 격리하기 위해 사용했다. 법률적으로는 1950년대 무렵에 폐지되었으나, 정신병원 시설이 부족한 경우 또는 주변의 시선을 의식해 정신병원에 보낼 수 없는 경우 자시키로에 가두는 관습이 오랫동안 지속된 것으로 알려져 있다.
** 입원하지 않으면 자신과 타인에게 해를 끼칠 우려가 있는 정신질환자를 시장이나 도지사, 군수 등의 권한으로 강제 입원시키는 조치. 우리나라에서는 행정입원이라고 부른다.

1955년 4만여 개에서 1975년 27만여 개, 1995년 36만여 개로 급증했다. 대부분 민간병원이었다. 일반 진료과보다 적은 인력으로도 병동 운영을 허용하는 '정신과 특례'를 내놓는 등 정부는 정책으로 정신과 경영을 뒷받침했다.

강제 입원을 골자로 하는 의료정책에는 "치료보다 격리를 목적으로 하는 '수용주의'다."라는 비판이 늘 따라다녔다. 이를 뒷받침하듯 정신병동 내 인권 침해 실태가 서서히 드러났다.

1970년 아사히신문 오쿠마 가즈오大熊 一夫 기자가 폐쇄병동에 잠입해 취재한 「르포 정신병동」은 정신병원이 환자를 지배하는 실태를 생생하게 그려 큰 호응을 얻었다. 1984년에는 도치기현 우쓰노미야시에 있는 병원에서 간호조무사들이 입원 환자를 집단폭행해 사망에 이르게 한 사건이 보도됐고, 이를 계기로 일본의 정신과는 병상이 많고 입원 기간이 길다는 사실이 세계에 알려지며 국제적 비난을 샀다.

서양은 이미 1960년대부터 병상을 줄이고 정신장애인을 지역사회 안에서 돌보는 방향으로 바뀌어가고 있다. 그러나 같은 사람들이 일본에서는 시설에 갇힌다. 일상에서 정신장애인과 만날 기회가 거의 없는 것은 이 때문이다.

사람은 보이지 않는 것에 두려움을 느낀다. 정신장애인은 무섭고, 위험하고, 어떻게 대해야 할지 모르겠다는 잘못된 이미지가 퍼져 있다. 수용주의가 편견을 넓혔고 편견이 수용주의를 뒷받침했다.

지금은 어떤가. 정신과 병상은 32만 7천 개(2019년). 앞서 언급한 것처럼 일본은 병상수와 입원 기간 면에서 다른 나라보다 높은 순위를 차지하고, 사회적 입원이 문제가 된 지도 오래다. 정신과 특례도 여전히 존재한다. 다른 진료과에는 없는 특수한 상황이야말로 민관이 하나 되어 행하는 차별이 아닐까.

또 한 가지 지나칠 수 없는 것. 나 역시 그 일원인, 언론의 보도 행태다.

강제 입원이 늘어난 계기가 된 사건이 있다. 1964년 3월, 당시 주일 미국대사 라이샤워가 칼에 찔리는 사건이 발생했고, 정신장애가 있는 19세 소년이 체포됐다. 신문은 일제히 정신장애인에 대한 방임을 문제 삼았다. 『아사히신문』도

"성격 이상자의 격리를 도모해야 한다."라는 지식인의 의견을 비판 없이 게재했다.

정신장애인이 일반인보다 형사사건을 일으키는 비율이 높다는 데이터는 존재하지 않음에도, 일본에서는 오랫동안 이렇게 정신장애인을 위험시하는 보도가 계속됐다. 최근에는 피의자의 장애 여부를 언급하지 않는 기사가 주류가 되었지만, 오사카부 스이타시에서 발생한 경찰관 습격 사건(2019년 6월)*이나 교토애니메이션 방화 살인 사건(같은 해 7월)** 등 국민적 관심이 쏠린 대형 사건의 경우, 피의자의 통원 이력이나 정신장애인 보건복지 수첩을 소지하고 있었다는 점 등 구체적인 정보가 보도되었다.

———— * 오사카 스이타시 센리야마 파출소 앞에서 범인이 경찰을 칼로 찌르고 권총 1정을 강탈해 도주한 사건이다. 범인은 사건 다음 날 산속에서 체포됐는데, 당시 범인의 소지품에서 정신장애인 보건복지 수첩이 발견된 사실이 보도를 통해 알려졌다. 피해를 당한 경찰은 두 차례의 수술과 재활 치료 끝에 7개월 만에 복직했다.
** 교토에 있는 애니메이션 제작사인 교토애니메이션 제1스튜디오에 범인이 침입해 휘발유를 뿌리고 방화를 저질러 35명이 사망하고 다수의 부상자가 발생한 사건이다. 범인은 교토애니메이션 측이 자기 작품을 표절해 범행을 저질렀다고 진술했으며 사건 발생 4년 전, 정신장애 진단을 받고 정신장애인 수첩을 받은 사실이 보도됐다.

이러한 사건 보도가 당사자와 그 가족을 괴롭히고 의료 및 복지서비스 이용을 멀리하게 한다는 비판이 있다. 일본 정신보건복지사협회는 2020년 10월, 교토애니메이션 방화 살인 사건 이후로 불안해하는 정신장애인이 늘고 있다며, 범행과 관련성이 분명하지 않은 단계에서는 병력을 보도하는 일을 삼가야 한다고 제언했다.

빈곤 문제 취재가 떠올랐다. 월세와 전기세를 낼 수 없는 상황에 놓여 있는데도 생활보호만은 받고 싶지 않다는 사람을 자주 만났다. 이유는 "타인에게 알려지는 게 두렵다", "그렇게까지 몰락하고 싶지 않다"였고 그 배경에 있는 것은 언론 보도였다. 비율로 따지면 많지도 않은 '부정수급'만을 클로즈업하는 정책 때리기 보도가 정당한 권리 행사에도 부정적인 이미지를 심어준 것이다.

정신장애도 생활보호도 숨겨야 한다는 분위기가 팽배하면 당사자는 안심하고 도움을 청할 수 없다. 언론은 경각심을 갖고 사건의 배경에 깔린 빈곤과 차별, 사회보장 미비 등에만 취재력을 기울여야 한다.

무서운 것은 사회에 스민 편견과 차별 감정을 당사자가 내면화하는 일이다. 아내가 그랬다.

"저런 사람들(정신장애인)과 한데 엮지 마."

"쇠창살 안에 들어가면 인생 끝이야."

"폐인이 되어버렸어."

정신과 진료를 거부하던 시절 아내가 자주 했던 말이다.

아내만 탓할 수는 없다. 아내는, 어릴 적 집 근처 정신과 병원의 철창을 보며 어른들이 그렇게 말하는 걸 들었다고 했다. 자신이 차별받는 처지가 될까 봐 오히려 그들에게 화살을 돌렸는지도 모른다. 그 대가로 증상이 악화된 지 5년이 지나서야 정신과 진료를 받을 수 있었다.

트라우마

학대, 괴롭힘, 빈곤. 아동을 둘러싼 문제가 날마다 보도되고 있다.

어떻게 하면 아이들을 구할 수 있을까. 아동 상담센터와

학교는 제대로 역할하고 있는가. 그런 문제에 초점을 맞춰 볼 수 있을 것이다.

그와 더불어 한 가지 더 생각해보고 싶은 것이 있다. 아이를 학대로부터 구한다고 문제가 해결되지는 않는다는 것이다. 그 아이는 깊은 상처를 안은 채 어른이 되어 긴 삶을 살아야 한다. 그것이 얼마나 무거운 짐을 짊어진 삶이 될지 아내가 몸소 보여주었다.

트라우마를 품은 삶은 왜 가혹할 수밖에 없는가.

트라우마는 눈에 보이지 않는다. 말로 하기 어렵다. 부끄럽거나 두려워 말할 수 없는 경우도 있고, 너무 잔인한 기억이라 스스로 봉인한 탓에 자신도 그것이 트라우마로 인한 고통인 줄 알지 못하는 경우도 있다.

말로 표현하기 어렵다는 것은 누군가에게 도움을 청하기 어렵다는 말이기도 하다. 과거의 상처가 깊을수록, 즉 증상이 심할수록 SOS를 외치기 어려워진다. 그렇게 당사자는 고립된다.

그 고통은 때로 평생 간다. 정신과 의사들의 연구에 따르면, 2차 세계대전 중 오키나와 전투를 체험한 노인의 약 40퍼센트가 전후 68년이 지난 시점에도 PTSD를 앓을 가능성이 높다고 한다(2013년 6월 13일 자 『아사히신문』). 마음의 상처를 치유하기 위해서는 엄청난 시간과 노력이 필요하다.

그러나 현재의 정신 의료 시스템으로는 트라우마가 있는 사람을 보살피는 구조가 충분하다고 말할 수 없다.

트라우마 연구로 잘 알려진 정신과 의사 미야지 나오코 宮地 尚子(히토쓰바시대학교 교수)는 "주의해야 할 점은, 일반 정신 의료에서는 트라우마를 그다지 중시하지 않고 있다는 점입니다."라고 지적한다.[*] 과거에서만 원인을 찾기 때문에 회복을 방해한다는 점에서 "트라우마라는 관점을 싫어하는" 의사도 적지 않다고 한다.

미야지 교수의 인식은 내 경험과도 일치한다.

아내가 진료실에서 과거에 경험한 학대나 성 피해에 관

─── [*] 미야지 나오코 지음 김선숙 옮김, 『트라우마 마주보기』 성안당 2015(절판).

해 이야기할 때 진지하게 귀를 기울여준 의사는 거의 없었다. 의사들은 대개 아무런 질문도 위로도 하지 않은 채, 그저 귀를 열고 있을 뿐이었다. 의존증 전문 의사들은 "그렇다고 계속 술을 드시면 안 돼요. 일단 술부터 끊으세요."라고 훈계하기도 했다. 이야기를 제대로 듣고 있다고 느낀 자리는 4년간의 상담 치료가 유일했다.

그뿐이 아니었다. 의료 현장에서 트라우마가 될 만한 상황을 겪기도 했다. 특정 치료법이나 검사에 따른 어쩔 수 없는 고통이 아니라, 환자에 대한 의료진의 몰이해로 인한 것이었다.

2014년 의료보호입원 때였다. 아내가 어린 시절 당한 폭력에 대해 간호사에게 털어놓으니 "남 탓하면 안 된다", "감사하는 마음을 가져라"는 질책을 받았다고 했다. 폐쇄병동 안에서 관리당하는 입장으로서 환자가 간호사에게 반박하기는 어려웠을 것이다. 그때마다 아내는 전화로 고통을 호소해왔다. 학대 피해자에게 이러한 발언을 하면 2차 트라우마를 일으킬 수 있지 않을까.

의사들이 트라우마와 마주하기를 꺼리는 데에는 치유까

지 시간과 노력이 많이 드는 탓도 있을 것이다. 일반적인 진료 시간인 5분으로는 환자의 과거를 끌어내기 어렵다. 또 트라우마 치료 기법에 정통한 인력이 적은 상황에서 자칫 과거의 상처를 들추어 증상이 악화하지 않을까 하는 우려도 있을 것이다.

약물 의존증을 전문으로 하는 마쓰모토 도시히코 국립 정신신경 의료연구소 정신보건연구소 약물의존연구부장은, 정신과 의사의 세계에 존재하는, "환자의 트라우마에 관해 질문해서는 안 된다."는 일종의 신화를 지적한다.[*] 트라우마에 관해 질문하면 안 되는 이유는 환자가 혼란에 빠지거나 가짜 기억을 강화하기 때문이라고 알려져 있다. 그러나 그는 무거운 과거를 안고 소년원에 들어간 아이들을 만나면서 그 신화에 의문을 품게 되었다. 오히려 소년들의 말을 진심으로 듣고 위로함으로써 긍정적인 변화를 기대할 수 있게 됐다는 것이다.

최근에는 트라우마의 특징에 관한 이해를 넓힌 뒤에 당사

───── [*] 마쓰모토 도시히코 지음. 김영현 옮김. 『살아남기 위해 필요한 고통』 다다서재 2022.

자를 만나는 '트라우마 인폼드 케어Trauma Informed Care'*가 확산되는 등 의료 현장의 변화도 눈에 띈다.

저명한 정신과 의사 나카이 히사오中井 久夫(고베대학교 명예 교수)는, 폐쇄병동에서 철문을 닫는 소리만으로도 플래시백에 시달리는 환자를 고려해 소리를 내지 않고 문 닫는 기술을 만들었다고 한다.** 나카이 교수가 젊은 시절에 실천한 작은 시도들은 트라우마 인폼드 케어의 선구처럼 느껴진다.

의료에도 가해성이 있다는 사실을 의료인이 알기만 해도 아내와 같은 환자가 안심할 수 있을 것이다.

---

* 트라우마가 개인의 삶 전체에 영향을 미친다는 전제하에 새로운 트라우마를 유발할 수도 있는 치료 관행보다는 환자가 편안한 마음을 가질 수 있는 환경을 구축하는 것을 목표로 하는 트라우마 환자 지원 방법을 말한다. '환자에게 어떤 문제가 있는가?'가 아니라 '환자에게 무슨 일이 생겼는가?'라는 접근법을 바탕으로 의료진이 환자의 삶 전체를 충분히 알기 위해 노력하고, 환자에게 신체적·정서적 안전을 제공하고 다양한 선택권과 권한을 부여하며, 환자와 의료진 간의 협력과 신뢰를 중시하는 등 다양한 세부 방법이 있다.

** 中井 久夫, 『徵候·記憶·外傷』みすず書房 2004.

아내가 증상을 보이기 시작한 후 20년 동안 아내의 죽음을 의식하지 않은 날이 없었다.

심각한 과식과 구토, 계속되는 음주, 약물 다량 복용, 손목을 긋는 자해 모두 목숨을 잃을 수 있는 행위였다. 실제로 잃을 뻔한 적도 있었다.

'분명 죽고 싶은 거야.'라고 생각했다. 완만한 자살을 시도하고 있다고 생각했다. 그것을 멈추지 못하는 내가 무력하게 느껴졌다.

그러나 차츰 보이기 시작한 것이 있다. 아내의 살려는 몸부림이다.

그것을 발견한 건, 함께 갔던 알코올 의존증 자조 모임에서였다.

어느 모임에서든 여성의 비율이 전체의 10~30퍼센트 정도였는데, 남성과 비교해 여성들에게는 두 가지 공통점이 있었다. 하나는 알코올 외에도 약물 의존이나 섭식장애, 손목 긋기 등 다른 행동을 습관적으로 함께 하는 경우가 많았다. 그런 사람은 술을 끊는다 해도, 수면제 같은 다른 수단으로 의존 대상을 바꾸기 일쑤였다.

다른 하나는 과거의 트라우마 체험뿐 아니라 현재의 삶도 힘든 사람이 많다는 것이다. 아내의 말에 따르면 여성 회원만 있는 자조 모임에서는 더 적나라한 체험담을 들을 때도 있는 모양이었다.

트라우마에 시달려 여러 의존 대상을 오가는 여성들. 그 모습이 아내와 겹쳐 보였다. 또한 자조 모임에 계속 참가하다 보니, 정도의 차이는 있지만 남성 역시 비슷해 보였다. 술이 좋아서 술에 의존하게 된 사람은 소수에 가까웠다. 사는 게 힘들어 알코올에 의존하게 된다는 점에는 성별의 차이가 없었다.

만약 의존의 뿌리에 트라우마가 있다면, 과연 트라우마를 건드리지 않고 회복할 수 있을까. 그런 의문도 들었다.

트라우마 관련 질환은 PTSD만이 아니다. 트라우마와 의존증 또는 기벽 사이의 관계도 속속 드러나고 있다. 미국에서는 어린 시절의 학대와 가정 폭력, 범죄 등 소아기 역경 체험이 성인에게 미치는 장기적 영향에 대한 대규모 역학조사가 진행되고 있다.

1998년에 발표된 결과에 따르면, 소아기 역경 체험을 복합적으로 경험한 성인은 그렇지 않은 성인보다 알코올 의존증이 될 확률이 7.4배, 약물 의존증이 될 확률이 4.7배나 높아진다고 한다. 자살을 기도할 확률은 12.2배나 높았다.

마음의 상처를 안은 사람은 왜 의존증이나 기벽에 빠질까. 그 의문에 한 가지 답을 제시하는 것이 미국의 정신과 의사 에드워드 칸치안Edward Khantzian이 주창한 '자기 치료 가설'이다.

쾌락을 느끼기 위해 의존증에 빠져든다고 생각하기 쉽지만 칸치안은 반대로 고통 완화에 본질이 있다고 말한다. 마음의 상처가 주는 통증을 완화하기 위해 알코올이나 약물을 사용하는, 즉 통증을 '자기 치료'하고 있다는 것이다. 섭식장애도 여기에 해당한다고 한다.

아내가 지금까지 한 일을 돌이켜보니 고개가 끄덕여졌다. 술을 마실 때도, 먹고 토할 때도, 손목을 그을 때도, 아내는 무엇인가에서 벗어나려 필사적이었다.

무엇으로부터 도망쳤던 걸까? 예전에 아내는 "머릿속에 뭔가가 와락 들이친다"고 애매하게 표현했었다. 상담을 통해 과거의 피해 경험을 구체적으로 이야기하게 되면서 자신에게 과식과 음주가 어떤 의미인지 비로소 깨달은 것 같았다.

그 모습은 쾌락과는 거리가 멀었다.

"나는 정말로 술을 안 마시는 사람이 되고 싶습니다. 살아 있는 것이 괴롭습니다. 과거에 힘든 일이 많아서 자꾸만 술에 도움을 청하고 맙니다. 어떻게 하면 좋을까요⋯."
(2019년 6월 6일, 아내가 테이블에 남긴 메모)

아내는 20년간 완만한 자살을 시도해온 것일까.

아니다. 필사적으로 살려고 한 것이다.

어린 시절의 학대, 어른이 되어 입은 성 피해. 그런 고난을 이겨내려면 과식이나 술 같은 '진통제'가 필요했다. 고난에서 의식을 멀리하고 다른 것에 시선을 돌려 잠깐이라도 고통에서 벗어나기 위해서.

이 진통제에는 본인의 건강을 해치는 강한 부작용이 있다. 그렇다고 쉽게 놓을 수는 없다. 굶어 죽기 직전인 상황에서는, 누군가 내민 주먹밥에 유해 물질이 들어 있다는 사실을 알아도 일단 먹어야 살 수 있다. 그것과 같다.

아내에게 정신과 치료란 진통제를 손에서 놓는 것과 같았을 것이다. 그럼에도 치료에 나섰다는 것은 용기 있는 행동이다. 내가 할 수 있는 일은 오직 아내 곁에 있는 것뿐이었다.

지금 아내는 진통제를 대폭 줄이는 데 성공했다. 한 사람의 생존자로서 자신처럼 고통받는 사람이 더는 나오지 않기를 바라고 있다. 이 사회가 그런 곳이 되기를, 나 역시 바란다.

"아내의 투병에 대한 연재 기사를 써보지 않겠습니까?"

과거 빈곤 문제를 함께 취재했던 동료 기자 기요카와 다쿠시(사회보장 담당 편집위원)로부터 2017년에 제안을 받은 것이 이 책의 발단이었습니다.

그때 제 솔직한 생각은, 의미는 있지만 실현 가능성은 극히 낮다는 것이었습니다.

환자나 그 가족의 눈으로 본 의료와 복지 시스템, 정신장애에 덧씌워진 편견에 관해 내 체험을 바탕으로 문제를 제기하는 것은 기자로서 의미가 있다고 느꼈습니다. 그러나 그러려면 아내에게 기억하고 싶지 않은 과거를 드러내게 해야 했습니다. 아내가 승낙할 리 없었습니다. 그렇게 생각하며 아내에게 물어보니 의외의 대답이 돌아왔습니다.

"꼭 써줘. 나처럼 고통받는 사람을 줄이고 싶어."

아내가 말을 이었습니다.

"괴로운 사건의 후유증에 시달리는 피해자는 많지만, 나처럼 신문기자인 남편을 둔 피해자는 거의 없을 것 같아. 나는 쓸 힘이 없지만, 당신은 쓰는 게 일이잖아. 나 대신 표현해줘."

망설여졌습니다. 어린 시절의 학대도 있었고 어른이 된 후의 성 피해도 있었습니다.

"정말 써도 돼?"

반년에 걸쳐 계속 물어봤지만, 아내의 생각은 흔들리지 않았습니다.

"전부 쓰라니까."

저도 마음을 정했습니다.

2018년 1월부터 6월까지 기요카와 기자를 통해 『아사히신문』 디지털판에 「아내는 서바이버」(총 6회 연재)를 발표했습니다. 100만에 가까운 조회수를 달성하며 큰 반향이 일었습니다. 그 후 약 4년에 걸쳐 글을 더하고 수정해 나온 것이 이 책입니다.

이 르포는 아내와 제가 겪은 악전고투를 있는 그대로 보고한 것에 지나지 않습니다. 아내에 대한 저의 돌봄은 모델로 삼을 만한 것이 아니며, 오히려 반면교사로 삼았으면 하는 부분도 있습니다.

여기에 쓴 내용은 '도시에 사는 정규직 남성'이라는 제한된 시각에서 본 광경일 뿐입니다. 만약 '지방에 사는 비정규직 여성'이 정신장애 남성을 돌보는 형태였다면 전혀 다른 광경이 보였을 것입니다. 선택할 수 있는 의료기관과 복지 서비스가 더 적고, 쓸 수 있는 돈과 시간은 더 제한적이며, 환자가 가하는 폭력은 훨씬 무거웠을 것입니다. 지금 이 사회에는 후자의 경우가 더 많을지도 모릅니다.

환자와 가장 가까이에 있다고는 하지만 저는 어디까지나 동반자였을 뿐이며, 당사자인 아내의 내면을 얼마나 이해했는지도 알 수 없습니다. 이러한 한계 안에서, 비슷한 상황에 처해 어려움을 겪고 계신 분들에게 참고가 되었으면 합니다. 마음이 아픈 사람도 살기 좋은 사회란 어떠해야 하는가에 관해 함께 생각해주시면 감사하겠습니다.

신문기자는 본래 취재 대상과 적절한 거리를 두는 것이 철칙입니다. 그러다 보니 사생활에 관해 내면까지 파고들어 문자화하는 작업은 마음이 무거운 일이었습니다. 중간에 아내의 음주가 멈추지 않아 출간을 포기한 적도 있습니다.

부러질 것 같은 마음을 지탱해준 것은 직장 동료들이었습니다. 『아사히신문』 디지털판에 연재할 때 저보다 젊은 세대, 특히 여성 기자들이 호의적인 반응을 보여준 것이 격려가 되었습니다. 예전에 한 정신과 의사로부터 이런 말을 들었습니다. "지금의 아사히신문에는 불만이 있지만, 당신이 계속 기자로 있다는 점은 높이 평가하고 싶습니다." 이렇게 복잡한 사정을 떠안은 기자가 일을 그만두지 않을 수 있었던 것은 동료들의 도움 덕분입니다.

집필 시간과 정신적 여력을 확보할 수 있었던 것은 의료진과 가사도우미 등 여러 전문직에 계신 분들의 도움 덕분입니다. 아내와 신뢰 관계를 쌓아주신 것은 물론, "환자의 가족을 돕는 것도 일입니다."라며 제게도 마음을 써주셨습니다. 이 자리를 빌려 감사 인사를 전하고 싶습니다.

취재에 관해 몇몇 전문가에게 도움을 받았습니다. 특히 심리요법 '홀로그래피 토크'로 알려진 심리사 미네 데루코 씨와 앞서 언급한 마쓰모토 도시히코 씨는 바쁜 와중에도 몇 번이고 귀한 식견을 주었습니다. 마음 깊이 감사드립니다.

연재를 책으로 내자고 제안해주신 아사히신문 출판사의 요쓰모토 도모코 씨, 4년에 걸친 격려와 조언 고맙습니다.

집에서 원고를 쓰고 있으니 아내가 코코의 「꿈만 꾸고 있어夢だけ見てる」를 부르는 소리가 들립니다. 오후의 햇살 속에서 오늘도 나 홀로 라이브에 신이 나 있습니다. 저는 곧 저녁 식사 준비를 할 겁니다.

이렇게 평온한 일상이야말로 둘도 없이 소중하다는 사실을 알게 된 것도 아내와 함께한 덕분입니다.

이 책은 제가 썼지만 아내와 함께 쓴 책입니다. 아내가 고난을 이겨내고 저를 밀어주지 않았다면 태어나지 못했을 작품입니다. 아내에게 고마운 마음은 이루 말할 수 없습니다.

정말 고마워. 앞으로도 같이 살자.

"위태로울 만큼 꿈만 꾸고 있어. 높은 빌딩 위에 서 있는 것 같아. 겁 많은 나인데 준비도 없이 언제나 어딘가 상처 받고 있어. 소원을 이루지 못하더라도 흘린 눈물 헛되이 하지 않을게. (…) 전하고 싶어, 아직 만난 적 없는 나에게. 꼭 Believe me, Wake me. 멀어도 꼭 다다를 거야. 그러니까 Please me, Take me. 지켜봐줘, 달려가는 나를."

— 코코의 「꿈만 꾸고 있어」 중에서

유튜브에서 찾아 본 1990년대 일본 여성 아이돌의 라이브 무대에는 설렘과 근엄함이 공존했다. 결연한 희망이랄까. 방 안에는 햇살이 비치고 남편은 글을 쓰는 어느 오후, 코코의 노래를 따라 부르는 아내의 마음이 꼭 그럴 것 같았다. 오감이 내 것 같지 않고, 기억이 시간 단위로 통째로 사라지는 혼란 속에서도 "지켜봐줘, 달려가는 나를." 하고 흥얼거리는 아내에게 이 노래는, 어쩌면 남편에 대한 고마움을 잊지 않기 위해 스스로 되뇌는 주문인지도 모른다. 살면서 본 가장 애틋한 헌사이자 연가였다.

누군가를 안다는 것은 쉬운 일이 아니다. 이 지구상에서 단 한 사람이라도 제대로 안다는 것은 불가능에 가깝다. 그 어마어마한 외로움 속에서 부부로 산다는 것은 어떤 의미일까. 무언가를 시작한다고 말할 때 그 안에는 대상에 관해 잘 알지 못한다는 인정이 담겨 있다. 그럼에도 대상을 잘 안다는 확신 위에서만 시작되는 무언가가 있다면 바로 결혼일 것이라고 나는 생각한다. 우리는 잘 안다고 생각하는 사람과 결혼하지만 그런 확신이 허구였음을 알게 되는 것은 시간문제다. 그럭저럭 괜찮은 줄 알았던 결혼 생활이 실은 의미도 정서도 제대로 옮기지 못한 어설픈 번역문 같은 것이었음을 깨닫는 순간 말이다. 사랑하는 사람의 상처를 뒤늦게 발견하는 일은, 자신은 어떻게 할 수도 없는 그 상처의 결과만을 목격하는 일은 그래서 비통하다. 그 참담한 시간을 끝내 견뎌낸 두 사람이 있다면, 그 힘은 어디에서 오는지 나는 몹시 궁금했다.

아사히신문 기자이자 이 책의 저자인 남편의 목소리는 믿을 수 없을 만큼 침착했다. 섭식장애, 알코올 의존증, 망상, 인지저하증을 차례차례 앓아온 아내를 보살피는 남편의 목소리가 이렇게 차분할 수 있을까. 그 고요한 울림에 번역하는 내내 마음이 숙연했다. 아내가 겪은 아픔의 크기나 남편이 보인 희생의 깊이만으로도 숙연해지기에 충분했지만, 그것이 전부는 아니었다. 망상에 시달리며 남편에게 폭력을 휘두르고, 술을 마시고, 자살 시도를 거듭하다 결국 폐쇄병동에 입원한 아내가 연말을 함께 보내기 위해 잠시 집에 온 날, 아내가 끓여준 떡국을 먹으며 남편은 이렇게 썼다.

"동글동글한 떡을 먹으며 이걸로 일주일은 버티겠구나 생각했다."

괴물 같은 병에 자꾸만 압도당하는 아내를 지켜보는 일이 쉬웠을 리 없다. 이혼을 언급하고, 강제 입원을 시키고, "당신 때문에 내 인생 망쳤어!"라고 화도 내지만, 그럼에도 남편은 아내와 함께했던 따뜻한 시간을 떠올린다. 이웃에게 꽃을 선물하는 모습에서 아내의 진짜 얼굴을 보고, 이사 기간 거식증을 참아준 아내에게 고마움을 느끼며, 아내와 함께 투표소를 찾았던 옛 추억을 떠올린다. 결국 관계의 깊이를 결정하는 것은 큰 사건들이 아니다. TV를 보며 주고받는 실없는 농담, 테이블에 내어진 두 잔의 커피, 장갑 너머로 전해지는 체온. 이불에 스민 서로의 체취. 일상을 함께한다는 건 마음을 차곡차곡 쌓는 일이다. 그 사소한 응원과 작은 선의들이 고된 시간을 버티게 한다. 이 부부가 함께 쌓은 마음이 얼마나 두터울지 가늠이 되지 않았다.

궁핍한 두 사람이 만나 서로에게 안내받고 때로는 안내하며 나란히 걷는 일. 나 역시 미흡한 인간이고 도움받지 않고서는 살 수 없다는 사실을 깨닫는 일. 그래서 부족한 나의 발견이 필연적으로 전제되어야 하는 일. 번역을 마치고 부부로 사는 일은 그런 것이라고 생각했다. 결혼은 인생의 무덤 아니면 신분 상승 수단이라는 이분법으로 묘사되는 요즘, 부부라는 인간관계의 본질을 생각하게 하는 책이다.

옮긴이의 말

아내는 서바이버

초판 1쇄 발행 2023년 4월 27일

지은이 나가타 도요타카
옮긴이 서라미
펴낸이 김효근
책임편집 김남희
펴낸곳 다다서재
등록 제2019-000075호(2019년 4월 29일)
전화 031-923-7414
팩스 031-919-7414
메일 book@dadalibro.com
인스타그램 @dada_libro